낙서

김성회 산문집
낙서

2025년 6월 1일 초판 발행
글_　김성회
　　　　kimsh@hanmail.net
펴낸곳_도서출판 청옥
　　　　25752 강원도 동해시 평원로 40
　　　　전화 033-522-5800
　　　　팩스 033-535-1116
　　　　mhprint@hanmail.net

ⓒ도서출판 청옥. 2025
ISBN: 978-89-92445-41-2 (03810)

・저자와의 협의로 인지는 생략합니다.
・잘못된 책은 구입하신 서점에서 바꾸어 드립니다.
・이 책의 출판도서목록과 도서정보는 국립중앙도서관 서지정
　보유통지원시스템 홈페이지(http://seoji.nl.go.kr.QR코드)
　에서 이용하실 수 있습니다.

값 16,000원

낙서

김성회 산문집

도서출판 청옥
Chung Ok

책머리에

낙서.

장난으로 아무 데나 글을 쓰거나 그림을 그리는 것을 낙서라고 하지만, 그 낙서 속에는 쓴 사람의 하고 싶은 말이 숨겨져 있다. 낙서에는 감사함과 고마움이 담긴 것도 있고, 미움과 분노가 담긴 것도 있다. 주위 사람들이 자기의 말을 들어주지 않을 때 낙서로 대신하기도 한다.

낙서는 주변 사람과 사회에 대한 불만의 표출이기도 하다. 말하고 싶은 상대에게 직접 말하기 곤란할 때 낙서로 대신하기도 한다.

「낙서」라고 하면 먼저 공중화장실 벽이나 으슥한 뒷골목 담벼락에 어지럽게 쓰인 글이나 그림을 떠올리게 된다.

누구나 자기의 심정을 남에게 말하고 공감을 얻고 싶어 하지만 현실적으로 그러한 상대를 찾기는 쉽지 않다. 그러다 보니 마음의 문은 점점 굳게 닫히고 풀어낼 곳이 없어진다.

그것이 때로는 낙서로 표현되기도 한다. 낙서 속에는 제법 그럴싸한 글과 그림도 있다. 신선한 내용도 있다. 낙서는 젊은 이들의 문화다. 막연한 그리움, 고독감, 좌절감, 그리고 반항과 저항을 표출하는 출구다. 공중화장실 벽과 뒷골목 담벼락은 그들의 이러한 심정을 말없이 모두 받아준다.

 공중화장실 벽이나 으슥한 뒷골목 담벼락에 낙서하는 청소년을 불량청소년이라고 생각하는 사람들이 많다. 그러나 그것은 보는 사람들의 편견일 뿐이다. 그들을 비난하기 전에 좀 더 세심한 관심과 사랑으로 보듬어야 하지 않을까?

 누가?

 어른과 사회와 국가가.

 어른과 사회와 국가는 과연 그들에게 관심을 가지고 보듬어주었는가? 부모 말 잘 듣고 공부 잘하는 아이만 소중한 것이 아니다. 어려서 한때 비난받고 손가락질받는 아이도 나중에 국가와 사회에 크게 기여하는 사람이 얼마든지 될 수 있다.

 나는 일흔을 넘긴 나이에 담벼락이 아닌 종이 위에 내가 살아온 삶의 조각들을 낙서하듯이 써보았다.

2025년 아카시아 향기 스며드는 5월의 창가에서
산중 나그네 **김 성 회**

차 례

책머리에 · 4

위기를 기회로 · 10

황당한 오해 · 15

뜻밖의 인연 · 23

어느 노부부의 위험한 산행 · 28

모정의 탑 · 35

엄마, 나는 쓰레기가 아니에요 · 42

똥 추억 · 46

아이의 기발한 생각 · 53

개 팔자는 점점 좋아지는데 · 55

15년 만에 오른 신선봉 · 62

어린 식모의 독백 · 67

검은 떡 · 71

떠돌이 부부개의 사랑 · 76

동방무례지국 · 80

노숙자의 미소 · 85

나는 지금 우주여행 중이다 · 90

새해맞이 · 94

꽃피는 소한 · 98

봄 마중 · 103

열 받지 마세요 · 108

방생 · 114

풀꽃 · 119

전원생활 · 122

나는 참 미련했다 · 131

시골의 멋 · 138

산중 나그네 · 143

월하독작 · 149

낮은 자세가 화를 면한다 · 156

베짱이 전성시대 · 159

잃어버린 청춘 · 164

나는 행복합니다 · 169

나는 나다 · 174

못하는 것이 아니라 하지 않는 것이다 · 179

성장은 탈피의 과정을 거쳐야 · 186

사라진 내 고향 · 191

감사합니다 · 197

토끼의 특별한 생활 · 201

동식물의 상부상조 · 205

굴뚝새 · 208

남성의 꽃 · 212

매미 · 216

인간이 가장 잔인한 존재 · 221

저출산이 경제적인 이유만일까 · 227

흙수저, 기죽을 필요없다 · 234

비밀이 없어서 · 239

푸른 낙엽 · 243

기호식품의 전성과 수난 · 246

잎새 바람 · 252

장수시대 · 258

낙엽이 되기 전에 · 262

인생 종말처리장 · 268

낙서 · 273

에필로그 · 291

평설 – 존재의 가장자리에서 피어난 문장들 · 295

갈대는 바람 앞에 흔들리고,
사람은 돈 앞에 흔들린다.

당신이 머뭇거리는 사이에
시간은 자꾸 흐르고
기회는 점점 멀어진다
하고자 하는 것이 있으면
망설이지 말고
지금 바로 시작하라.

위기를 기회로

2019년 나는 내 삶의 위기를 맞았다.

몸 상태가 너무 좋지 않아 병원에 가서 검사를 받았더니 의사가 빨리 서울의 대학병원에 가보라고 하였다. 검사결과 간경화가 심하고 암으로 의심되는 덩어리도 보인다고 했다.

복수도 많이 찼고 황달까지 있다고 했다.

필요한 서류를 발급받아 서울의 한 대학병원에서 다시 검사를 받았다. 검사 결과를 본 의사는 내 얼굴을 한 번 쳐다보고는 좀 더 빨리 검사를 받아보지 이토록 심해질 때까지 있었느냐며 혀를 끌끌 찼다. 암으로 의심되는 혹은 아직 확실치 않아 3개월 후에 다시 검사해 보자고 했다.

몸 상태가 너무 좋지 않아 고속버스를 타고 서울로 오가는 것도 몹시 힘들었다. 한 번 갔다 오면 며칠 동안 고통의 날을 보내야 했다. 병원에서 처방해주는 약을 먹고 몇 개월이 지나자 복수는 사라졌다.

그로부터 7개월 후인 2020년 5월, 간에 암이 2개 발생되었다. 다행히 아직 크기가 작고 다른 장기에 전이되지 않아 고주파 시술로 암을 태워 제거했다. 그 후 계속 재발하여 다섯 번 시술하였다. 고주파 시술 두 번, 색전술 세 번.

2023년 2월, 네 번째 시술을 받기 위해 입원 예약을 하고 나서 코로나19에 감염되어 큰 고통을 겪었다. 그 때문에 시술 날짜도 그만큼 연기되었다. 체력이 약한데다 코로나19까지 앓고 나서 그런지 시술 도중 혈압이 갑자기 떨어져 혼수상태에 빠지기도 했다.

뿐만 아니라, 당뇨와 고혈압도 있고, 수십 년간 지속한 불면증으로 인해 두통이 심하고 체력도 많이 떨어져 있었다.

사람들이 가장 두려워하는 것이 암이다. 암 진단을 받고 나면 제일 먼저 떠오르는 것이 시한부 인생이라는 단어다. 짧게는 몇 개월, 길게는 몇 년이라는…….

내 몸은 많은 휴식을 요구하고 있다. 조금만 걷거나 무엇에 신경을 쓰면 너무 힘들어하고 괴로워한다. 평지를 걷는 것도 30분이 한계점이다.

육체적인 아픔이 마음마저 아프게 했다. 장기간 몸이 아프니 삶이 재미가 없고, 짜증도 나고, 신경이 날카로워지고, 우울증까지 와 삶의 질이 떨어졌다.

나는 아프다는 핑계로, 아니 핑계가 아니라 정말 아파서 매일 침대에 누웠다 일어났다 하면서 지냈다. 침대에 누워있다 보면 깜빡 잠이 들 때가 있다. 잠깐 자고 일어나면 오전인지 오후인지 헷갈리고, 내가 밥을 먹었는지, 또 약은 먹었는지 몰라 어리둥절하기도 한다.

이러한 상황에서 내가 무엇을 할 수 있을 것인가? 아무리 생각해도 할 수 있는 것은 아무것도 없다. 무엇이든 하려면 가장 중요한 것이 체력인데, 이렇게 아프고 허약한 상태에서는 답이 보이지 않았다.

그렇다고 아무것도 하지 않고 방안에 누워만 있으면 병은 점점 더 악화할 것이다.

병을 치료하기 위해서는 의사가 처방해주는 약도 중요하지만, 약 못지않게 환자의 마음도 중요하다.

어떤 마음을 갖느냐에 따라 병이 악화할 수도 있고 호전될 수도 있다.

병에 얽매이면 병을 이길 수 없다. 얽매임에서 벗어나 잊어야 한다.

병은 흥겨움과 즐거움을 무서워한다. 매일 흥겨움과 즐거움을 유지하면 병은 슬그머니 자취를 감춘다. 물론 모든 병이 다 그렇지는 않다. 그러나 환자의 마음이 중요한 것은 사실이다.

병마와 싸워 이기려면 아픔을 잊어버리고 집중할 수 있는 무엇인가를 해야 한다. 뿐만 아니라 거기에서 기쁨과 즐거움,

보람을 느낄 수 있어야 한다.

　내가 처한 상황에서 할 수 있는 것이 무엇일까?

　우선 평온하고 즐거운 마음을 유지해야 한다. 그래서 모든 근심·걱정부터 내려놓았다. 이미 일어난 일을 가지고 괴로워하고, 짜증 내고, 탓한다고 해결되지는 않는다. 나에게 닥친 현실을 긍정적인 마음으로 받아들이기로 했다. 안 되는 것을 붙잡고 머리에 쥐가 나도록 걱정한다고 될 리가 없으니까.

　나는 나에게 닥친 이러한 고통과 위기를, 새로운 나로 살아가는 기회로 삼기로 했다.

　먼저 마음을 비우고 내면을 좀 더 깊이 들여다보는 기회로 삼고, 그동안 못한 독서의 기회로 삼고, 새로운 도전인 글쓰기의 기회로 삼기로 했다.

　이것은 시간도 잘 가고, 재미도 있고, 즐거움도 있고, 성과가 나타나면 보람도 느낄 수 있다.

　우선 체력 관리를 위해 매일 내 체력에 맞게 조금씩이나마 걷고, 틈틈이 TV를 켜놓고 노래를 듣는다. 노래를 듣는 것은 내가 노래를 좋아하기도 하지만 건강 때문에 의욕을 잃고 우울해지려는 마음을 흥겹고 즐거운 마음으로 돌려놓기 위해서다.

　노래와 독서는 실천하는데 별 어려움이 없다. 노래는 TV를 보면서 듣거나 따라 하면 되고, 독서는 시간 되는 대로 읽으면 된다. 그러나 글쓰기는 자신이 없다. 노력은 해보겠지만, 책으로 나오지 못하고 쓰다 말지도 모른다.

 제대로 된 글을 쓸 능력이 못되니 지금까지 살아온 내 삶의 조각과 생각을 낙서하듯이 써보기로 했다. 건강이 좋지 않아 다른 것은 아무것도 할 수 없으니, 주어진 시간을 독서하고 글 쓰는 기회로 삼아 부족한 재주지만 한 자 한 자 꾸준히 써 나갈 것이다.

 나는 문학에 관해서는 아는 바가 없다. 배운 적도 없고 누구에게 들은 적도 없다. 그래서 내 마음이 가고 내 손이 가는 대로 쓰려고 한다. 건강도 나빠지고 나이도 많은데 인제 와서 글쓰기를 시작하는 것은 어찌 보면 이루기 어려운 도전인지도 모른다. 그러나 늦었다고 포기하면 정말 아무것도 못 한다. 비록 마무리하지 못하더라도 하지 않는 것보다는 지금 시작하는 것이 훨씬 나을 테니까.

 뜻이 있는 곳에 길이 있고, 간절히 원하면 이루어진다고 했다. 뜻을 이루지 못한다면 내 노력이 부족한 탓일 것이다.

 내가 겪고 있는 이러한 고통은 신이 나를 더 단단한 사람이 되게 하는 담금질이라고 여기고 새로운 삶에 도전해 보련다.

 아픔에 빠져 내 남은 삶을 영혼 없는 허수아비처럼 살 수는 없다.

황당한 오해

1987년 어느 날.

"따르릉! 따르릉!"

얼마 전에 들여 놓은 전화기가 전화받으라고 호들갑을 떨며 울렸다.

"여보세요?"

"……."

전화한 사람이 선뜻 말을 못하고 있다.

"여보세요?"

나는 다시 상대를 불러보았다.

"혹시 김성회 씨 아니세요?"

상대편에서 잠시 뜸을 들인 후 이름을 물어왔다. 조금 긴장된 목소리였다. 여자였다.

"네, 맞습니다. 누구십니까?"

"저, 연순이에요. 도계에 살던 김연순."

전화를 한 사람이 반가움과 긴장감이 밴 목소리로 자기를 밝혔다. 너무도 뜻밖의 전화였고, 너무도 반가운 이름이고 목소리였다. 10년 만에 들어보는 목소리다. 그녀의 이름을 듣는 순간 심장 박동소리가 북소리처럼 커지고 빨라졌다.

그런데, 내가 다음 말을 하려는 순간 「뚝!」하고 전화가 끊어졌다. 옆에 있던 두 살 된 아들이 전화기의 종료버튼을 눌러버린 것이다.

아, 이럴 수가!!

하필 이 중요한 순간에 종료버튼을 누르다니!

나는 허탈한 마음으로 전화기 앞에 앉아 전화벨이 다시 울리기를 기다렸다. 10분, 20분……. 한 시간이 지나고 하루가 지나도 전화기는 깊은 잠에 빠진 듯 조용했다.

다음 날, 또 다음 날을 기다려도 전화는 다시 오지 않았다.

그녀가 크게 오해한 것 같았다. 내가 고의적으로 끊었다고 생각한 모양이었다. 그 상황에서는 누구라도 오해할 수밖에 없었을 것이다.

자기는 나를 잊지 못해 어렵게 전화번호를 알아내 전화를 했는데, 상대 쪽에서는 자기 이름을 밝히자마자 바로 전화를 끊었으니 얼마나 황당하고 서운하고 배신감이 들었겠는가!

어찌 이런 일이 있단 말인가? 왜 하필 그 순간에 아들놈이 종료 버튼을 누른단 말인가!

그때는 전화기에 발신자표시 기능이 없었기 때문에 상대방의 전화번호는 물론 어디에서 한지도 알 수 없었다.

그녀는 평생 오해를 하며 살아가겠지. 자기를 잊었다고. 자기를 버렸다고. 그리고 자기하고 다시 얽히는 것이 싫어 이름을 밝히자마자 고의적으로 전화를 끊었다고.

10년 만에 어렵게 연락처를 알아내고 전화를 했는데, 상대가 자기 이름을 듣자마자 전화를 끊어버렸으니 그 배신감을 어찌 말로 다 할 수 있겠는가! 나도 너를 잊지 않았는데……. 이제는 내 마음을 전할 길이 없구나!

그동안 내 연락처를 알려고 얼마나 애를 썼을까. 그러다가 어렵게 통화가 되어 얼마나 가슴 설레고 기뻤을까. 그런데 그 기쁨과 설렘이 단 몇십 초 만에 무너졌으니…….

이쪽 상황을 알 수 없는 그녀는 오해할 수밖에 없었을 것이고, 그러한 그녀를 생각하면 가슴이 너무 아프다.

나는 그녀가 어디서 어떻게 살아왔는지 몹시 궁금했다. 그러나 이제는 물어볼 수도 없게 되었고, 다만 그녀가 살아있다는 것만 확인했을 뿐, 결국 그녀의 가슴에 지울 수 없는 상처만 주는 꼴이 되었다.

신이 있다면 신이 그랬을 것이다. 그렇지 않다면 어떻게 오해하기 딱 좋은 그 순간에 종료 버튼을 누를 수가 있겠는가? 이미 한쪽은 결혼해 가정이 있으니 빨리 잊고 새 길을 가라고……. 그래서 어린 아들의 손을 빌어 오해하게 하여 다시는 만날 수도 없고, 연락도 하지 못하게 만든 것이 아닐까?

김연순. 헤어진 지 10년 만에 전화를 했다. 정말 생각지도 못한 전화였다.

10년 전 어느 날, 그녀의 집을 찾아갔을 때 그녀는 이미 다른 곳으로 이사 가고 없었다. 이웃집에 물어보았지만 어디로 갔는지 아는 사람이 없었다. 나는 매우 서운하고 뭔가 소중한 것을 잃어버린 것 같은 마음으로 한참 동안 그녀가 살던 집을 바라보다 무겁고 허전한 발길을 돌릴 수밖에 없었다.

그 당시에는 나나 그녀나 전화가 없었기 때문에 서로 연락할 수가 없었다. 다만 연순이는 내가 삼화에 산다는 것만 알고 있었다. 그렇게 빨리 이사 갈 줄은 꿈에도 몰랐다. 무슨 급한 사정이 있었는지. 이사 가는 것을 사전에 알았더라면 내 주소라도 주었을 텐데. 우리의 인연은 그것이 끝이었던가.

그 후 1년이 가고, 2년이 가고, 시간이 지나면서 서서히 기억에서 멀어져 갔다. 그러나 그녀의 이름과 그녀의 집에서 종이봉투를 접으며 이야기를 나누던 기억만은 잊지 않고 있었다. 어딘가에서 잘살고 있겠지, 하는 마음이었고, 어디에서 살든 행복하게 잘 살기만을 바랐다.

내가 그녀를 알게 된 것은 1970년대 후반 도계에 있는 큰집에 갔을 때였다. 가끔 큰집에 다녀오는데 어떤 때는 1주일씩 있다가 오기도 했다. 큰 집에 있는 동안 우연히 그녀의 집에 들르게 되었고, 그녀의 집에서 같이 이야기하는 시간이 많아졌다.

그녀는 아버지가 안 계시고 홀어머니와 언니, 세 식구가 살고 있었다. 그때 그녀는 고등학생이었고 나보다 다섯 살 아래였다. 어머니가 종이봉투를 접어 팔아 생계를 유지했다.

나는 큰 집에 갈 때마다 그녀의 집에 가서 봉투를 같이 접으며 이런저런 이야기를 나누었다. 종이봉투는 가게에서 물건을 담을 때 사용하는 것이었다.

이처럼 자주 만나다 보니 연순이는 나를 친오빠처럼 따랐고 나도 친동생처럼 대했다. 오빠로서 물질적으로는 아무런 도움을 주지 못했지만, 마음으로는 희망과 용기를 주려고 애썼다.

공통점이 많을수록 더 빨리 가까워질 수 있다. 말이 통하고 서로를 이해할 수 있기 때문이다. 나도 가정형편이 어려워 어려서부터 힘든 일을 많이 해왔고, 당시에도 역시 어려운 상황이라 누구보다 어려운 사람들의 사정을 잘 알고 있었다.

그녀는 말이 적고 속이 깊었다. 자라온 환경 때문인지 또래보다 생각이 깊어 보였다. 참새처럼 말을 많이 하지는 않았지만 답답하거나 따분하지는 않았다. 필요할 때 필요한 말은 다했고, 고운 미소로 속마음을 표현하기도 했다.

그녀는 당시 감수성이 예민하고 이성에 대한 관심이 많은 고등학생이었다. 그래서 그런지 나에게 특별한 감정을 가지고 있다는 것을 느낄 수 있었다. 좋아한다는 말을 입으로 하지는 않았지만, 눈으로 하고 있었다. 입으로 하는 말보다 눈으로 하는 말이 더 진실하고 애절했다.

나도 그녀가 좋은 사람이라고 생각했다. 그러나 그녀는 아직 공부에 열중해야 할 고등학생이므로 엉뚱한 생각을 하지 못하도록 겉으로는 모른척했다. 가끔씩 공부에 전념할 수 있도록 희망과 용기를 주는 말을 해주었다.

그녀의 집에서 함께 종이봉투를 접으며 이야기하는 것은 나에게 또 하나의 즐거움이었다.

전화 들여놓을 형편이 못 되어 그동안 전화를 들여놓지 못하다가 얼마 전에 전화를 들여놨다. 그런데 오랜 세월 소식이 없던 그녀가 전화번호를 어떻게 알았는지 전화를 했다.

전화를 들여놓고 나서 얼마 되지 않아 전화한 것을 보면, 그동안 내 연락처를 찾기 위해 얼마나 많은 애를 썼을지 짐작이 간다. 전화번호를 알기까지 얼마나 애를 태우며 114에 알아봤을까? 수없이 많은 확인을 했을 것이다. 아마 고등학교를 졸업하고 나서부터 전화번호를 계속 알아보지 않았을까 하는 생각이 들었다. 너무 애틋하고 안타깝다는 생각을 떨칠 수 없다.

  전화 할 당시 연순 씨는 결혼하지 않았을 것이다. 만약 결혼해서 가정을 꾸렸다면 어렵게 전화번호를 알아보지도 않았을 것이고, 전화하지도 않았을 것이다.

  내 착각일지는 모르지만 10년이라는 긴 세월 동안 나를 잊지 않고 있었을 것이다. 아마 내가 결혼했는지 여부도 알고 싶었고, 미혼이라면 자기에 대한 내 마음을 확인하기 위한 전화였을지도 모른다.

  이것도 가난이 빚은 오해라는 생각이 들었다.

  연락이 두절된 상태로 너무 많은 시간이 흘렀다. 전화를 조금만 더 빨리 들여놓아 내가 결혼하기 전에 연락되었다면 어떻게 되었을까? 그때 전화가 끊어지지 않고 통화를 했었다면 어땠을까? 내가 이미 결혼하여 처자식이 있다는 것을 알면 순간 서운하고 허탈한 마음이 들었을지도 모른다. 그러나 오해로 마음 아파하는 것보다는 서로의 마음과 현실을 아는 것이 훨씬 좋았을 것이다.

  과거에 서로 특별한 감정을 가지고 있었다 하더라도 오랜 세월이 흘렀기 때문에 변한 현실을 부정할 수는 없다. 그동안 어디서 어떻게 살아왔는지에 대해 서로 가슴속에 품었던 마음을 털어놓고 현실을 현실로 받아들이고 각자의 행복을 빌며 행복하게 살아가지 않았을까?

　오해할 원인 제공을 내가, 아니 내 아들놈이 했으니 내가 오해를 풀어주어야 하지만 뾰족한 수가 없었다. 그때 전화를 끊은 것은 고의가 아니었고, 그것은 오해였다는 것을 이런 방법으로라도 밝혀야 내 마음의 짐을 조금이나마 덜 수 있을 것 같아 적어본다.

　이제 세월이 많이 흘러 남은 세월이 많지 않은데 이승에서 만날 날이 있을지. 지금은 만나도 서로를 못 알아보겠지. 너무 많은 세월이 흘렀으니까. 너무 많은 세월이 흘러 늦었지만, 그녀가 이 글을 보고 그때의 황당했던 상황을 이해하고 오해를 풀어준다면 오랜 세월 내 가슴을 누르고 있는 커다란 돌을 내려놓을 수 있을 것이다.

　내가 알고 있는 연순 씨는 황당한 오해로 가슴에 큰 상처와 배신감이 있었겠지만, 곧 마음을 다잡고 열심히, 그리고 행복하게 살고 있을 거라고 믿는다.

　무심한 세월은 아랑곳하지 않고 흘러 그녀도 어느덧 60대 중반이 되었구나. 세월의 나이는 60대 중반이 된 그녀이지만, 내 기억에는 아직도 배꽃같이 청순한 고등학생으로 남아 있다.

　그녀의 아픈 마음을 다시 한 번 헤아려 본다.

뜻밖의 인연

나는 고양이를 싫어했다.

고양이의 눈이 싫었고, 울음소리가 싫었다. 평소에 내는 아기 울음 같은 소리도 듣기 싫었지만, 발정기 때 질러대는 괴성은 소름 끼칠 정도로 듣기 싫었다. 노란색 눈동자에 세로로 찢어진 눈조리개도 전혀 호감이 가지 않았다.

나는 평소 고양이를 좋아하지 않았기 때문에 고양이를 기르리라고는 꿈에도 생각하지 못했다.

퇴직 후 전원생활을 하기 위해 2010년 산 좋고 물 맑은 시골에 땅을 사고 아직 집을 짓기 전의 일이었다. 내가 산 땅에는 옛 주인이 살던 낡은 빈집이 한 채 있었고, 옆에 작은 행랑채도 있었다. 농사짓기 위해 행랑채를 수리하여 임시 거처로 삼고 천곡에서 오르내리며 일을 하였다.

2011년 4월 어느 날, 헌 집 다락에서 새끼고양이 울음소리가 들렸다. 서까래 사이에 뚫린 구멍으로 바깥을 내다보며 애처롭게 울고 있었다. 나는 별 관심을 두지 않고 내 할 일을 하고 집으로 돌아왔다. 다음날 일하러 갔더니 그 새끼 고양이가 또 구멍으로 바깥을 내다보며 울고 있었다. 내가 건물 뒤편으로 가면 뒤편으로 따라와 내다보며 울고, 아래쪽으로 가면 아래쪽으로 따라와 내다보며 울었다. 내가 가는 방향마다 따라다니며 울었다. 그때까지도 나는 별생각 없이 들었고, 어미가 곧 돌아와서 젖을 먹이겠지, 하고 생각하며 집으로 돌아왔다.

그런데, 그 다음 날 일하러 갔더니 역시 내가 가는 방향마다 내다보며 울고 있었다. 할 일을 다 하고 집으로 가려고 하는데 그 어린 새끼고양이가 다락에서 부엌바닥으로 뛰어내리더니 울면서 나에게로 달려오고 있는 게 아닌가!

그러니까 그 새끼고양이는 사흘 동안 아무것도 먹지 못하고 울다가, 이제는 안 되겠다 싶었는지 그 높은 다락에서 뛰어내려 살려달라고 애원하는 것처럼 보였다. 아직 너무 어려 걸음도 제대로 걷지 못하고 수없이 넘어지면서 내게로 달려왔다. 내가 일을 마치고 집으로 간다는 것을 알기나 한 것처럼 뒤뚱거리며 급히 달려왔다.

그 순간 고양이가 고양이로 보이지 않았다. 그 모습은 마치 부모에게 버림받고 며칠을 굶은 어린아이가 지나가는 사람에게 살려달라고 애원하는 것 같았다.

가슴속에서 뭔가 뭉클하는 기운이 전신으로 퍼져 나갔다. 그 모습을 보고 도저히 그냥 두고 갈 수가 없었다.

내 옆에 가까이 다가와 울면서 나를 쳐다보고 있는 고양이를 차에 태웠더니 전혀 울지를 않고 얌전하게 가만히 있는 게 아닌가!

어미가 새끼를 버렸는지, 아니면 어미가 죽었는지는 몰라도 그 새끼고양이는 적어도 3일 이상은 굶은 것이 틀림없었다. 대체로 길고양이는 사람이 가까이 가면 도망가는데, 이 어린놈은 나보고 제발 데려가 달라고 애원하고 있으니 어찌 모른 체할 수 있겠는가? 집에 데리고 와 동물병원에서 검사해보니 다행히 건강에는 이상이 없었다.

집에 데려다 놓고 다시 보니 새끼 고양이가 그렇게 귀여울 수가 없었다. 아직 태어난 지 얼마 되지 않아 보송보송한 배내털에 눈동자도 흑진주처럼 검고 반짝였다. 보송보송한 털에 까맣고 동그란 눈동자가 초롱초롱하다. 거기다가 분홍색 코도 귀여움에 한몫했다.

거실에 앉아 나를 빤히 쳐다보는 그 모습이 너무 귀엽고 예뻤다.

지금까지 내가 가지고 있던 고양이에 대한 인식이 완전히 바뀌었다. 뜻밖의 인연으로 한 식구가 된 어린 고양이는 우리 가족에게 새로운 즐거움을 주었다. 가끔 이불 속에 들어가 동그란 눈만 내밀고 보는 모습은 예쁜 인형 같았다.

사람이나 동물이나 어린 새끼들의 눈망울은 맑고 아름답다. 순수 그대로다. 다른 수식어를 붙이면 옥에 티를 묻히는 꼴이 된다.

2012년 전원주택을 짓고 이사하면서 고양이도 데리고 갔다. 새집에서도 사람과 함께 방안에서 생활했다. 그러나 야생 고양이라 본능적으로 넓은 산야가 그리웠는지 새집에 온 지 얼마 안 되어 저 스스로 부엌 창문을 열고 밖으로 나갔다 들어왔다 하더니 나중에는 아예 밖에서 생활했다. 고양이도 지능이 높다는 것을 그때 실감했다. 창문은 옆으로 밀어야 열리는데 그것을 알고 있었다.

밖에 나간 지 3개월쯤 지나자 마루 밑에다가 네 마리의 새끼를 낳았다. 눈도 뜨지 않은 작은 새끼들이 꼬물꼬물하는 모습이 귀엽고, 생명의 신비감도 느껴졌다. 태어난 지 한 달가량 지나니 눈도 뜨고 젖살이 올라 제법 토실토실해졌다. 새끼들은 누워 있는 어미를 밟고 넘나들며 장난을 쳤다. 귀엽고 아름다운 모습이다.

그 고양이가 새끼를 낳고, 그 새끼가 또 새끼를 낳고 하여 집 주변에는 항상 수십 마리의 고양이가 놀고 있었다.

특별한 인연으로 맺은 고양이가 낳은 새끼들이라서 그 새끼들도 모두 돌봐주었다.

아침에 밖에 나가면 사람 나오는 소리를 듣고 여기저기에서 모여들어 밥 달라고 야옹거리며 쳐다본다. 고양이 사룟값으로 한 달에 10만 원이 들었다. 사룟값이 부담되기는 했지만 때만 되면 사람을 쳐다보고 밥 달라고 졸라대는데 어떻게 안 줄 수가 있겠나?

인연이란 자기가 맺고 싶다고 맺어지는 것도 아니고, 맺기 싫다고 피할 수 있는 것도 아닌가 보다. 이처럼 좋아하지 않던 고양이와 10년간이나 같이 생활하게 될 줄은 꿈에도 생각지 못했다.

앞으로 다가올 인연은 아무도 모른다. 인연은 항상 예기치 못하게 맺어진다.

그 고양이는 10년째 되던 해 체력이 떨어졌는지 자기 후손들에게 쫓기기 시작했다. 그러던 어느 날 몇 대 손자뻘 되는 후손과 대판 싸운 뒤 힘에 밀려 산꼭대기로 쫓겨 갔다.

뜻밖의 인연으로 만난 고양이는 자신의 후손에게 힘에 밀려 쫓겨 간 후 영영 돌아오지 않았다.

어느 노부부의 위험한 산행

2016년 12월 2일.

정선군 임계에 갔다 오는 길이었다. 참새가 방앗간을 그냥 못 지나가듯 돌아오는 길에 백복령 식당에서 감자옹심이와 수수부꾸미, 메밀전병에 옥수수막걸리로 속을 채웠다. 별미로 배를 채우고 나니 아무도 부러울 것 없고 기분도 좋았다. 이 토속 음식을 먹기 위해 평소에도 가끔 다녀온다.

백복령에서 신흥마을로 내려오는 중간쯤에 비천을 거처 부곡으로 이어지는 임도가 새로 개설되었다기에 궁금한 마음에 임도로 들어섰다.

처음부터 그 길로 갈 생각은 아니었는데 오는 도중에 갑자기 그길로 가보고 싶은 생각이 들었다. 그동안 백복령 굽잇길을 자주 다녔지만 부곡마을로 이어지는 임도로는 한 번도 가본 적이 없었다. 그런데 그날은 왠지 가보고 싶었다.

직선거리는 그리 멀지 않게 느껴졌는데 굽이굽이 돌아가는 임도는 생각보다 멀었다.

임도 주변에는 활엽수보다 침엽수인 소나무가 많았다. 솔향기를 품고 불어오는 초겨울 바람이 제법 차다. 차창으로 스며드는 향긋한 솔 향이 콧속을 파고들었다.

한참을 돌고 돌아내려 오는데 80대 노부부가 얼굴이 사색이 된 채 우왕좌왕하고 있었다. 초겨울 산속이라서 해는 이미 서산마루에 걸려 어둠이 내리기 시작했다.

해가 기울고 있는 늦은 시간에 산속에 사람이 있다는 것은 뜻밖이었다.

차를 세우고, 날이 어두워지는데 왜 여기에 계시느냐고 물었더니 등산 왔다가 길을 잃어 오도 가도 못하고 있다고 하였다.

노부부는 초록봉 뒤편 임도를 따라가다 삼거리를 만났고, 거기서 집으로 가는 길이 아닌 반대쪽 길로 들어선 것이다. 그러니 갈수록 집과는 점점 멀어지는 산속으로 들어갔던 것이다.

노부부가 길을 잃고 헤맨 사연은 이러했다.

노부부는 동호동에 살고 있었다. 죽기 전에 초록봉에 가보고 싶어 아무 준비도 하지 않고 산에 올랐다.

간식거리는 물론 물 한 병도 준비하지 않고 올랐다. 옷도 등산복이 아니고 평소 입던 옷이었다.

초록봉은 시 중심지 가까이에 있는 해발 531미터 되는 그리 높지 않은 산이라서 사람들이 가벼운 마음으로 많이 다니는 곳이다. 높지는 않지만, 일부 구간은 경사가 심해 오르기 만만한 곳은 아니다.

초록봉은 산 자체의 경치는 그리 볼만하지 않다. 그러나 정상에 올라가면 시가지와 바다를 한눈에 내려다볼 수 있어 탁트인 전망이 눈과 가슴을 시원하게 한다.

그런데, 초록봉까지만 갔다가 오던 길로 내려갔으면 아무런 문제가 없었을 텐데, 등산객 중에 어떤 사람이 초록봉 뒤쪽으로 임도가 있으니 그 길로 내려가도 된다고 하여 노부부는 한 번도 가보지 않은 길을 가게 되었다.

노부부에게 길을 안내한 사람은 노부부가 길을 잃고 헤매리라고는 전혀 생각하지 못하고 한 말이겠지만, 그 말 한마디가 노부부에게 엄청난 고통과 공포를 안겨준 셈이 되었다.

남의 말만 듣고 모르는 길로 들어선 것이 큰 실수였다. 노부부는 그 길이 외길인 줄 알았고, 길 따라가면 집으로 갈 수 있을 거로 생각했다. 그러나 그 길은 외길이 아니었다. 꽤 오랜 시간을 걷고 나자 갈림길이 나왔다.

80대 노인의 걸음이라 먼 산길을 걸어오다 보니 해는 이미 서산으로 기울고, 한 번도 와보지 않은 산속이라서 방향을 전혀 알 수가 없었다. 갈림길 중 하나는 마을로 내려가는 길이고 하나는 산속으로 들어가는 길인데, 노부부는 그곳에서 한동안 망설이다 택한 길이 하필이면 마을과는 반대쪽인 산속으로 들어가는 길로 접어들었다.

  산속 길을 올라가다 보니 갈림길이 또 나왔다. 여기서 왼쪽 길로 가면 인가가 있고 곧바로 올라가면 점점 깊은 산 속으로 들어가는 길이다. 노부부는 거기에서 또 어디로 가야 할지 몰라 망설이다가 왼쪽 길로 들어섰다. 얼마쯤 가다 보니 집이 한 채 보였다. 전에 화전민이 살던 오래된 집이다.

  노부부는 다행히 인가가 있는 길로 접어들어 집에까지 갔다. 마당에서 주인을 몇 번 불러보았으나 대답이 없어 되돌아왔다고 했다. 안에 사람이 있는 것 같은데 대답이 없었다고 했다. 그 집에 사람이 살고 있는 것은 맞다. 다만 그 시각에 방에 있었는지는 알 수 없지만.

  불러서 대답이 없으면 문을 두드려 보았으면 좋았을 것을 노부부는 마당에서 몇 번 불러보고 대답이 없자 그냥 돌아왔다고 했다. 노부부의 성격으로 보아 큰 소리로 부르지는 않았을 것 같았다.

  노부부는 그때부터 당황하고 죽음의 동포까지 엄습하여 제 정신이 아니었다. 노부부는 휴대폰도 없었다. 그러니 자식에게 전화할 수도 없고, 119에 신고할 수도 없는 속수무책의 상황에서 어둠과 함께 밀려오는 극도의 공포심에 빠져 있었다.

그런 위급한 상황임에도 불구하고 태워달라고 하지 않고 집으로 가는 길만 알려달라고 하였다.

노부부는 연세도 많으시고 점심은 물론 물 한 모금도 못 마신 상태에서 먼 길을 몇 시간 동안 걸었기 때문에 체력이 많이 소진된 듯 보였다.

밝은 낮에도 방향을 몰라 몇 시간을 헤맨 분들이 어두운 밤에 걸어가신다는 것은 불가능하다. 비포장 임도가 산을 굽이굽이 돌아 개설되어 있어 노인들의 걸음으로는 또 몇 시간이 걸린다.

이미 지칠 대로 지쳐 체력도 고갈되었고, 해가 져서 어두워지기 시작하는데 집으로 가는 길을 설명해 주어도 노부부가 찾아갈 수 없는 상황이었다. 12월 초인데다가 산속이라 밤에는 기온이 영하로 내려가기 때문에 노부부가 산속에서 밤을 새우게 되면 체력 소진과 저체온증으로 살아날 수가 없는 상황이었다.

그래서 노부부에게 여기서 걸어서는 도저히 집에 갈 수 없으니 차에 타시라고 하니 선뜻 타지 않고 길만 알려달라는 말을 반복하였다.

우리 차에는 이미 성인 4명이 타고 있어 차 안이 꽉 찼다. 노부부는 차 안을 들여다보고 사람이 많이 타고 있으니 또 망설였다.

그곳은 평소 차가 거의 다니지 않는 곳으로 우리 차가 가고 나면 더는 지나가는 차는 없는 곳이다. 더구나 밤인데…….
노부부는 너무 소심하고 남에게 신세를 지지 않으려는 성격이신 것 같았다.

여름에 폭우로 인해 여기저기 파인 비포장 산길을 성인 6명을 태우고 가니 소형승용차의 하부가 도로에 닿았다. 기어가듯이 천천히 가도 하부가 돌과 흙에 부딪히고 긁히는 소리가 연신 들렸다.
쿵! 쿠궁! 벅! 버벅!
사람의 무게 때문에 바닥에 부딪히며 고통스러운 소리를 내는 차에게 미안한 마음이 들었다.
노부부는 집 근처까지 태워주니 허리춤에서 만원을 꺼내 내게 주었다. 아마 차비로 주는 것 같았다.
그 돈을 받았느냐고?
에이, 여보시오. 그 돈을 받으면 사람이 아니지.
80년을 살아온 사람도 이렇게 큰 실수를 할 수 있는 것이다. 노부부님, 죽을 고비를 넘겼으니 오래오래 사세요.
노부부가 함께 산에 오르기로 뜻을 같이하고 길을 나선 것은 아름다운 모습이고 잘한 일이라고 생각하며, 그 용기에 박수를 보내고 싶다. 그러나 산행을 너무 가볍게 여긴 것과 남의 말만 듣고 모르는 길로 들어선 것은 어르신께서 순간의 판단을 잘못하신 것 같아 아쉬웠다.

살아생전에 마지막이라고 생각하고 나선 산행이, 인생의 마지막 날이 될 뻔한 위험한 산행이었다.

나는 평소에 백복령길을 자주 다니지만, 그동안 한 번도 임도로 가본 적이 없었고, 그날도 임도로 갈 생각은 전혀 없었다. 그런데 임도 진입지점 가까이 와서 갑자기 새로 난 임도로 가 보고 싶었다.

지금 생각해 보면 그때 갑자기 임도로 가고 싶었던 것은 노부부를 살리기 위한 신의 뜻이 아니었나 하는 생각이 든다.

눈에 보이지 않는 어떤 큰 힘이 그 길로 인도했고, 그 노부부는 아직은 더 살 명이라서 나를 만난 것이 아닐까?

잠깐 보았지만, 노부부는 평생 남에게 해가 되는 일은 하지 않았을 것이라는 생각이 들었다. 그래서 위기의 상황에서 살아날 수 있었던 것이 아닐까?

그곳은 감상할 만한 풍경이 없기 때문에 사람들이 거의 다니지 않는 곳이다. 어쩌다가 한두 사람이 지날 때는 있다. 하지만 초겨울이고 이미 해가 지고 있는 시각에 그곳을 지나가는 사람이 있을 리가 없었다.

모정의 탑

'여자는 약하다. 그러나 어머니는 강하다.'라는 말을 우리는 많이 들어왔고 또 잘 알고 있다. 육체적인 힘으로 볼 때는 분명히 여자는 남자보다 약하다. 그러나 정신적인 면에서는 어쩌면 남자보다 더 강하다고 할 수 있다.

가정이 어려움에 처했을 때 그 어려움을 헤쳐나가는 지혜와 힘은 남자보다 여자가 더 강하다. 자식이 위급한 상황에 처했을 때 어머니는 순간적으로 자신도 모르게 차력사보다 더 강한 초인적인 힘을 발휘하여 죽음 직전에 처한 자식을 구했다는 이야기도 전해지고 있다.

강릉시 왕산면 대기리에는 전설 같은 이야기가 있다. 한 여자, 아니 한 어머니가 가족의 안녕을 위해 이룩한 염원의 산물인 모정의 돌탑이다.

노추산 등산로 입구에는 한 사람이 겨우 생활할 수 있는 아주 작은 움막이 있는데, 그곳이 바로 돌탑을 쌓은 주인공이 기거하던 곳이다. 현재의 움막은 고 차순옥 여사가 돌탑을 쌓을 때 기거하던 당시의 움막이 아니라 새로 정비한 것이라고 한다. 당시의 움막은 훼손이 너무 심하여 현재의 모습으로 정비하였다고 한다.

그곳은 낮에도 흐리거나 가랑비가 부슬부슬 내리는 날이면 음침한 기운이 온몸을 감싸는 곳이다. 그곳에 여자 혼자 몸으로 지냈다는 것은 일반인으로서는 생각하기 어려운 일이다.

지금은 돌탑을 찾는 이들이 많지만, 여사님이 돌탑을 쌓을 당시에는 오가는 사람이 거의 없었을 것이다.

인가도 없는 깊은 골짜기에서 여자의 몸으로 혼자 지내며 그 많은 돌탑을 쌓은 것만으로도 찬사를 받을 만하다. 혼자 있으면 낮에도 무서울 것 같은 곳에서 움막 하나에 의지해 밤에도 혼자 지냈다는 것은 간절한 염원을 지닌 어머니가 아니고서는 누구도 해낼 수가 없었을 것이다.

여사님이 이곳에 돌탑을 쌓게 된 사연은 이러하다.

고 차순옥 여사는 강릉에서 슬하에 4남매를 두고 살았는데 언제부턴가 집안에 우환이 끊이지 않았다고 한다. 그러던 어느 날 꿈에 산신령이 나타나 노추산 계곡에 돌탑 3,000개를 쌓으면 집안에 우환이 없어진다는 신비한 꿈을 꾸었다고 한다.

그래서 1986년부터 가족의 안녕을 기원하며 홀로 26년간 돌탑을 쌓았다.

적막한 산속에서 일이 년도 아니고 26년이라는 기나긴 세월을 한결같은 마음으로 쌓아, 결국 3,000개의 돌탑을 완성했다.

돌탑이 늘어날수록 집안은 평온을 되찾았고, 3,000개의 돌탑을 완성한 그즈음, 차순옥 여사는 2011년 9월, 66세로 생을 마감하였다.

26년 간 3,000개의 돌탑을 쌓느라 너무 많은 체력과 기를 소모한 때문인지 돌탑과 가정의 평화를 남기고 너무 일찍 가신 것이 애석하고 안타깝다. 아직 온 곳으로 가기에는 많이 아쉬운 나이다.

고 차순옥 여사가 생전에 대기리 주민에게 돌탑 관리를 부탁하여 현재 대기리 마을회에서 유지, 관리하고 있다.

연약한 여자가 이처럼 강하고 거룩한 힘을 발휘할 수 있었던 것은 무엇인가? 그것은 오로지 자식을 통해서 어머니가 되었기 때문이다. 어머니가 아니고는 해낼 수가 없다.

모정의 탑으로 가는 진입로의 경치 또한 절경이다. 주차장에서 돌탑까지의 거리는 1킬로미터이며, 길이 평탄하여 누구나 쉽게 갔다 올 수 있다. 진입로주변에는 하늘을 찌를 듯이 쭉 쭉 벋은 수십 년 된 소나무 수백 그루가 보는 이의 시선을 붙잡고 걸음을 멈추게 한다. 빽빽하게 밀집된 소나무는 햇빛을 더 많이 받기 위해 경쟁적으로 하늘을 향해 벋어서 몸통에 비해 키가 무척 높이 자랐다. 땅에서 10여 미터까지는 가지가 전혀 없다.

진입로에는 소나무 숲뿐만 아니라 진입로 옆으로 유유히 흐르는 송천이라는 넓은 하천도 있다. 하천의 맑은 물과 깨끗한 바위들이 주변 경관과 어우러져 절경을 이루고 있다. 모정의 돌탑을 보러온 사람들은 주변경치를 덤으로 감상할 수 있다.

내가 이곳을 자주 찾는 것은 간절하고 지극한 모정이 스며 있는 돌탑을 보기 위한 것이기도 하지만 탑으로 가는 길옆에 하늘을 찌를 듯이 높이 자란 수백 그루의 울창한 소나무와, 유유히 흐르는 송천과, 산이 주는 기운을 느끼기 때문이다.

평창군 도암면에서 발원한 송천은 구절리를 거쳐 여량에 이르러, 태백 검룡소에서 발원하여 하장과 임계를 거쳐 흘러온 골지천과 합류한다. 두 물줄기가 만나는 이곳을 아우라지라고 하는데, 이곳에서부터는 강이라고 부르며, 강 이름은 조양강이다. 이 강은 정선을 거쳐 영월에 들어서면 다시 동강으로 바뀌고 평창강과 합쳐 서울에 이르는 남한강 상류다.

여량 아우라지는 옛날에 뗏목을 이용해 물길을 따라 서울까지 목재를 운반하던 시발점이었다. 여량 아우라지에서 출발해

서울의 광나루와 마포나루에 이르는 뗏목은 나무만 실어 나른 것이 아니라 정선아리랑도 함께 실어 날랐다. 뗏목꾼들이 머무는 한강 변의 주막에는 밤마다 정선아리랑이 울려 퍼졌다고 한다.

물이 좋아 물 따라 가다 보니 너무 멀리 갔구나!
다시 돌탑을 살펴보자.
돌탑이 있는 계곡 안쪽에는 돌 틈을 요리조리 비집고 흐르는 두 가닥 물줄기가 있는데, 여사님이 기거하던 움막 앞에서 만나, 마치 전설 같은 돌탑 이야기를 하듯 끊임없이 졸졸거리며 산속의 적막을 깨뜨리고 있다.
돌탑을 쌓은 어머니는 갔지만, 그 어머니의 염원과 기원이 서린 3,000개의 돌탑은 오늘도 말없이 자리를 지키고 있다.
일반 사람들은 탑이 아닌 그냥 돌 3천 개를 옮기라고 해도 다 옮기지 못하고 중도에 포기할 것이다. 하물며 여자의 몸으로 산속에서 26년간 홀로 3천 개의 탑을 쌓은 것은 오로지 가족의 건강과 가정의 안녕을 기원하는 간절한 염원의 힘이다. 간절한 염원은 상식이나 과학으로 설명할 수 없는 힘을 발휘하기도 한다.
쌓은 지 수십 년이 지났지만, 아직 무너진 것이 없고 그대로다. 그만큼 정성 들여 쌓았다는 징표다.

이 탑은 단순한 돌탑이 아니라 우리 어머니들의 자식과 가정을 위한 무한한 사랑과 희생의 산물이라고 생각한다.

남자도 하기 힘든 일을 여자라는 이름으로는 할 수 없다. 어머니이기 때문에 해낸 것이다.

돌탑 하나하나에 간절한 염원과 정성이 느껴진다. 간절한 염원에서 나온 염력으로 이루어진 것이다. 이 돌탑은 단순하게 「아! 대단하다」「멋있다」「힘들었겠다」라고만 보아서는 안 될 것 같다. 그 탑을 쌓은 고 차순옥 여사의 당시 간절한 심정을 이해하려는 마음이 있어야겠다.

개인주의적이고 이기적인 이 시대에 가족이 무엇이고 가정이 무엇인지 생각하게 하는 길잡이다. 황금만능주의에 빠져 가족 간에 불목하고 심지어 생명까지 위협하는 현실이 아닌가.

관광객들이 여기저기서 휴대폰으로 돌탑을 찍고 있다. 휴대폰에만 찍지 말고 가슴에도 찍기를 바란다.

탑을 찾아온 사람 중에는 탑을 보며 자연 풍경을 감상하듯 둘러보는 사람도 있을 것이고, 그 탑을 쌓은 어머니의 모정을 새기는 사람도 있을 것이다.

사람들은 본능적으로 탑 쌓는 것을 좋아한다. 길을 가다 탑이 있으면 돌을 주워 그 탑 위에 올려놓는다. 그러나 이 돌탑에는 돌을 더해서도 안 되고 빼서도 안 된다. 그건 탑을 훼손하는 것이므로 그냥 눈으로 보고 쌓은 이의 정성을 느끼면 된다.

자식을 낳기만 해서는 어머니가 되는 것이 아니다. 어머니가 되기 위해서는 사랑과 헌신이 따라야 한다.

여사님의 간절한 염원과 사랑이 한강 물길을 따라 전국에 스며들어 온 국민이 건강하고 행복한 삶을 살게 하는 밀알이 되기를 소망한다.

여사님은 먼 곳으로 가셨지만, 여사님의 가족을 위한 사랑과 헌신은 이 돌탑과 함께 영원할 것이다.

다람쥐 한 마리가 돌탑 위에 앉아 움막을 향해 두 손 모아 기도하고 있다.

엄마, 나는 쓰레기가 아니에요

 이 세상에 자기가 원해서 태어난 사람은 아무도 없다. 부모에게 낳아달라고 부탁하고 애원해서 태어난 사람도 없다. 본인의 의사와는 상관없이 부모의 거룩한 은덕으로 태어났다.
 어떻게 태어났든 이왕 이 세상에 태어났으면 행복하게 살아야 한다. 스스로의 힘으로는 아무것도 할 수 없는 어린 시절에는 부모의 보살핌을 받아야 한다. 그것은 부모의 의무이며 아기의 권리이다. 대부분의 아이는 부모와 친지, 이웃의 축복을 받으며 태어나고 부모의 지극한 사랑 속에 행복하게 자란다.
 아이는 부모로부터 보호받을 권리가 있고, 부모는 아이가 건강하고 행복하게 자랄 수 있도록 보호하고 보살펴야 할 의무와 책임이 있다. 이러한 권리와 의무가 제대로 지켜지지 않으면 불행의 신이 그 사이를 비집고 들어온다. 불행이라는 심술신은 항상 끼어들 틈을 노리고 있다.

이 세상에 태어나자마자 쓰레기통에 버려졌다는 뉴스가 공중파를 타고 안방에까지 전해졌다. 충격적인 사건이었다. 그 방송을 본 사람들은 모두 충격을 받았을 것이다. 탯줄도 자르지 않은 갓난아기가 맨몸으로 음식물 쓰레기통에 버려진 지 67시간 만에 이웃주민에 의해 발견되었다.

아이가 어디 먹다 남은 음식쓰레기인가? 아니면 코 풀고 똥 닦은 휴지란 말인가? 아무리 말 못할 사정이 있다 하더라도 귀중한 생명을 쓰레기통에 던지다니…….

물론 쓰레기통에 던진 엄마도 그 순간 제정신이 아니었을 것이다. 쓰레기통에 버리면 죽으리라는 것을 알면서도 버린 것은 엄연한 살인행위다. 사정상 키울 수 없었다면 다른 방법도 있었을 것이다. 스스로 자기 생명을 지킬 방어능력이 전혀 없는 연약한 생명을 어떻게…….

이것뿐만 아니라 영아 학대는 물론 살해 사건이 가끔 언론에 보도되고 있다. 이 세상에 태어나 엄마 품에 한 번도 안겨보지 못하고 검은 비닐봉지에 싸여 쓰레기통에 버려지는 아이, 갓 태어난 아이를 침대보에 싸서 창문 밖으로 던진 사건, 먹을 것을 주지 않고 방치하여 굶어 죽은 아이, 부부가 싸우다가 홧김에 창밖으로 던져진 아이, 아이가 너무 운다고 때려 결국 죽음에 이른 아이, 어려운 형편에 이미 세 명의 자식이 있는데 두 명이 또 태어나자 먹고 살기 어렵다는 이유로 두 명의 아이를 낳자마자 목 졸라 죽여 냉동실에 넣은 행위, 학대와 살해 방법도 다양하다. 아이가 무슨 잘못이 있는가. 어떤 생명이든 생명은 다 소중하다.

언론에 보도된 것이 전부는 아닐 것이다. 어쩌면 빙산의 일각일 수도 있다.

여기에는 남모르는 딱한 사정이 있겠지만 이유 여하를 막론하고 있어서는 안 될 일이다. 아니, 어떠한 변명도 정당화될 수 없다. 정상적인 생각이 있는 사람이라면 어떻게 자신이 낳은 생명을 버리고 죽이겠는가.

영유아 관련 범죄에는 여러 가지 이유가 있겠지만, 경제적인 문제가 가장 큰 이유가 아닐까 싶다. 어쩌다 보니 원치 않은 아이가 생겼고, 여러 사정상 키우기도 어렵고 하여 판단력이 흐려졌을 수도 있을 것이다. 원치 않은 아이라도 그것은 어른의 잘못이지 아이의 잘못이 아니다. 자기의 잘못인데 왜 죄 없는 아이에게 그런 끔찍한 짓을 하는가.

넘치는 세상, 그중에서도 버려지는 음식물이 많아 음식물 썩어가는 냄새가 진동하는 세상이지만 아직도 어두운 곳에서 굶주리는 사람들이 많다는 것을 배부른 사람들은 모르리라.

부득이한 사정으로 낙태 수술을 할 때, 태아는 극도의 두려움을 느끼며 자기에게 가까이 다가오는 낙태 도구를 피하려고 몸부림친다고 한다. 미완성의 태아도 두려움을 느끼는데 완성

된 인간으로 태어나 버려지는 영아는 얼마나 두려움에 떨었겠는가. 말은 못해도 살고자 하는 본능은 있다.

「엄마」라는 거룩한 이름은 어디로 갔는가?
버려진 아이들의 절규가 들리지 않는가!
"엄마, 나는 쓰레기가 아니에요. 제발 버리지 말아 주세요. 엄마! 엄마! 엄마!"

갓 태어난 아이를 코 풀고 똥 닦은 휴지 버리듯 쓰레기통에 집어던진 사람이 평생 씻을 수 없는 죄의식을 가슴에 안고 어떻게 살아갈 것인가. 다시는 그런 일이 없어야 한다.
이 같은 비극을 막으려면 원치 않는 아이를 낳고 사정상 도저히 키울 수 없을 때, 아이를 안심하고 맡길 수 있는 제도적 장치가 마련되어야 할 것이다.
엄마의 잘못된 생각과 행동으로 죽어가는 아이들의 비극을 단지 한 여자의 잘못으로만 돌릴 것인가?
이것은 단순히 개인적인 문제로 내버려둘 사안이 아니다. 국가와 사회의 특별한 관심과 대책 마련이 필요하다. 원치 않은 임신으로 태어난 아이들의 생명을 구하고 이 아이들이 인간답게, 행복하게 살아갈 수 있는 사회가 되기를 희망한다.

똥 추억

혼자 있을 때, 또는 밤에 침대에 누워 잠을 청해 보지만 좀처럼 잠이 오지 않을 때, 추억이 미소를 지으며 살며시 손을 내민다.

추억이 없는 사람은 없다. 추억은 살아온 연수에 비례하여 무수히 많다. 생각만 해도 황홀했던 아름다운 추억이 있는가 하면, 가슴 아픈 추억도 있다. 나만의 추억도 있고, 여럿이 함께 만든 추억도 있다.

즐겁고 재미있었던 것만 추억이 아니다. 힘들고 괴로웠던 일도 세월이 지나고 나면 추억이 되고, 어쩌면 더 애틋하고 아련한 추억일지도 모른다.

어느 날, 어린 시절의 추억을 더듬다가 문득 구린내 나는 추억 하나가 떠올랐다.

1960년대 중반, 초등학교 시절의 추억이다.

바로 똥 추억이다.

아니, 하고많은 추억이 있는데 왜 하필 똥 추억이야? 이건 자다가 방귀 뀌는 소리도 아니고…….

추억이라고 모두 아름답고 황홀한 것만 있는 것은 아니다. 똥보다 더 더럽고 아픈 추억도 있다.

가장 가까이 있으면서 가장 멀리하고 싶은 것이 똥이다. 뱃속에 있을 때는 아무도 더럽다는 생각을 하지 않는다. 그러나 세상 밖으로 나오면 바로 외면한다.

똥도 예전에는 귀한 대접을 받았었다. 농부들은 한 바가지의 똥도 그냥 버리지 않았다. 더럽다는 생각보다는 보물처럼 여기며 밭에 뿌렸다. 똥 한 짐이 곡식 한 짐이라고 여겼고, 사실 그랬다.

내가 이야기하고자 하는 똥 추억은 똥이 농사에 보탬을 주었다는 이야기가 아니다. 아주 더러운 이야기다. 똥은 더러움의 대명사이니까 당연히 더러운 이야기다.

요즘은 화장실이 예전의 호텔급이다. 건물도 깔끔하고, 변기도 깔끔하고, 대소변은 바로바로 물로 씻어내니 냄새도 없고, 세면대와 세제가 갖추어져 있으니 바로 손을 씻을 수 있어 위생상으로도 나무랄 데가 없다.

예전에는 화장실이라는 말이 없었다.「변소」「측간」「뒷간」「정랑」이라고 불렀다. 변소 건물은 너무 허술했다. 판자를 대충 대거나 짚을 엮어 둘러놓았다. 벽에 틈이 있어 안에 있는 사람이 살짝 보일 정도다.

지금은 화장실이 실내에 있어 대소변 보기가 아주 편하다. 비바람이 불어도, 눈보라가 닥쳐도, 깜깜한 밤중이어도 아무런 걱정이 없다. 정말 좋은 세상이다.

「변소」「측간」이라고 불리던 옛날에는 불편함이 컸다.

변소가 바깥에 있어 밤에는 무서웠고, 겨울에는 너무 추웠다. 건물이 너무 허술해 찬바람을 막아주지 못했다. 여름에는 똥 본연의 향기인 고약한 냄새가 얼굴을 찌푸리고 코를 쥐게 했다.

누군가가 화장실의 격을 높여 독서실과 동급으로 표현해 놓은 것이 있다. 그것은 독서실과 화장실의 공통점을 표현한 것으로,

첫째, 학(항)문에 힘쓴다.

둘째, 학(항)문을 넓힌다.

셋째, 학(항)문을 닦는다. 이다.

배운다는 뜻의 학과 배설구인 항은 발음이 모두 항으로 똑같다. 물론 우스갯소리로 한 말이다. 요즘 화장실을 보면 과히 틀린 말은 아닌 것 같다. 화장실이 깨끗하기 때문에 볼일을 좀 오래보는 사람은 화장실에서 시 몇 수는 거뜬히 감상할 수 있

다.

똥 추억.
지금부터 똥 추억 이야기다.
변소에서 있었던 일과 길에서 있었던 일을 나누어서 해보자.
먼저 변소의 여름 이야기다.
여름에는 비가 많이 와 빗물이 변소로 들어가기도 한다. 또한, 똥파리도 많았다. 똥파리들이 변소의 똥에다 알을 낳으면 구더기가 되는데, 그 숫자가 얼마나 많은지 똥은 간데없고 꼬물거리는 구더기와 물 뿐이다.
똥이 다 어디로 갔느냐고?
구더기가 다 먹어버렸지. 그러면 변소에 남은 것은 빗물과 오줌뿐이다.
문제는 지금이다.
대소변은 생리현상이니까 변소 상황이야 어떻든 간에 마려우면 변소를 찾을 수밖에 없다. 변소에 들어가 항문에 힘을 주고 한 덩어리 떨어뜨리면 첨벙하는 소리와 함께 똥물이 튀어올라 궁둥이에 달라붙었다. 기분이 너무 더럽고 찝찝하다.
이어서 두 번째 덩어리가 나온다. 이번에는 궁둥이에 맞지 않으려고 똥이 떨어지는 순간 궁둥이를 높이 쳐들었다.

순간, 앗! 이건 뭐야!

궁둥이를 높이 쳐드니까 반대로 얼굴이 아래로 쑥 내려갔다. 그러니 어떻게 되겠는가? 이번에는 튀어 오른 똥물이 얼굴을 강타했다. 입술에도 묻었다.

이것이 누구의 이야기냐고? 당연히 내 이야기이지.

이제 겨울 이야기로 넘어가 보자.

겨울에는 구더기도 없는데 무슨 문제가 있을까?

있다. 구더기만 문제를 일으키는 것이 아니다.

당시에는 겨울에 눈도 많이 내리고 날씨도 몹시 추웠다. 산에는 겨우내 눈이 쌓여 있었고, 하천과 논은 겨우내 얼어있었다. 따라서 강아지와 아이들이 아주 좋아했다.

이야기가 잠시 옆길로 빠졌구나!

물이 꽁꽁 얼도록 날씨가 추운데 똥이라고 예외일 수는 없다. 변소에다 똥을 누면 금방 얼어붙었다. 그 위에 또 누면 똥이 옆으로 밀려나는 것이 아니라 탑처럼 쌓였다.

당시에는 집집마다 식구가 적게는 칠팔 명, 많게는 열 명 이상 되니까 똥 탑이 올라가는 속도도 빨랐다. 추운 날 이삼일이면 뾰족한 똥 탑이 변소 발판을 훌쩍 넘는다.

낮에는 별문제가 없다. 문제는 밤이다.

어두워서 잘 보이지 않아 손으로 더듬거리며 변소 발판에 겨우 자리를 잡는다. 바지를 내리고 앉는 순간, 창같이 뾰족한 것이 궁둥이를 찌른다.

범인은 다름 아닌 얼어붙은 똥 탑이었다. 그렇다고 나오는 똥을 들이밀 수는 없으니 궁둥이를 높이 쳐들고 볼일을 보았다. 다음 날 아침에 보니 똥 덩이가 변소 안에 떨어진 것이 아니라 발판 위에 떨어져 꽁꽁 얼어붙어 있었다.

이제 길에서 있었던 똥 이야기를 해보자.

당시에는 어린아이들이 다니다가 똥이 마려우면 길에다 그냥 누었다. 어린아이에게는 변소가 따로 없었다. 길을 가다 똥이 마려우면 그 자리가 바로 변소였다. 그러나 그것은 철모르는 아이들의 일이니 얼마든지 이해할 수 있다.

문제는 나쁜 짓이라는 것을 알만한 아이들이 장난기가 발동하여 밤에 사람들이 많이 다니는 길 한가운데에다 똥을 누기도 하고, 땅을 파고 구덩이에 똥을 한 바가지 넣은 후 흙으로 살짝 덮어 놓기도 한다. 그래놓고 멀리 숨어서 지켜보다가 지나가는 사람이 똥을 밟고 화가 나 씩씩거리는 모습을 보며 자기들끼리 키득거리며 즐거워한다.

배려가 오히려 화를 부른 일도 있었다.

초등학교 때 수업을 마치고 셋이 옆으로 나란히 서서 이야기하며 집으로 걸어가는데, 길 한가운데에 커다란 똥 무더기가 있었다. 곧바로 가면 가운데 가는 사람이 밟을 수 있는 위치였다. 그러나 가운데 가는 아이는 그것을 보지 못한 것 같았다. 그래서 내가 똥 무더기 바로 앞에 이르렀을 때 가운데 아이를 툭 치며 「똥!」하고 크게 소리를 질렀다. 가운데 아이는 놀라서 보폭을 크게 하여 앞으로 내디뎠다.

순간, 가운데 가던 아이의 입에서 비명이 터졌다. 정확하게 똥을 밟은 것이다. 내가 아무 말을 하지 않았으면 똥을 그냥 넘고 갔을 텐데 알려주는 바람에 보폭을 크게 하여 똥을 밟은 것이다.

밟지 말라고 일러준 것인데……. 이것 참 더럽네!

아이의 기발한 생각

　1960년대 어느 시골 마을에 일곱 살 된 아이가 있었다. 어느 날 엿장수가 가위를 철컥거리며 마을로 들어왔다. 군것질 거리가 없던 그 시절, 엿은 아이들의 구미를 당기는 최고의 간식거리였다.

　엿장수는 마을 입구에서부터 "헌 고무신이나 찌그러진 냄비, 부러진 숟가락으로 엿들 사세요. 둘이 먹다가 하나 죽어도 모르는 울릉도 호박엿이 왔어요."라고 외치며 마을 안으로 들어왔다.

　엿장수는 마을 한가운데 들어와서도 '헌 고무신이나 찌그러진 냄비, 부러진 숟가락으로 엿들 사세요. 둘이 먹다가 하나 죽어도 모르는 울릉도 호박엿이 왔어요."라는 말을 계속 반복하며 아이들을 불러 모았다.

　일곱 살 아이가 가만히 들어보니 엿장수가 새것을 가지고 오라는 소리는 안 하고 계속 찌그러지고 부러지고 찢어진 것만 가지고 오라고 외쳐댔다.

  그래서 아이는 엿장수가 헌 것만 받는다고 생각하고 마루 밑은 물론 집 안 구석구석 다 찾아보았으나 헌 고무신도, 찌그러진 냄비도, 부러진 숟가락도 보이지 않았다.

  엿이 정말 먹고 싶은 아이는 마루에 걸터앉아 한참 생각하더니 무슨 좋은 생각이 떠올랐는지 무릎을 탁 치고 입가에 미소를 띠며 창고로 들어갔다.

  잠시 후 창고에서 망치를 가지고 나온 아이는 부엌으로 들어가 멀쩡한 냄비 하나와 수저 한 벌을 꺼내어 망치로 냄비를 찌그러뜨리고 수저를 부러뜨렸다. 그리고 마루 밑에 있는 아버지의 새 고무신을 낫으로 찢었다.

  아이는 엿장수가 외쳐대던 헌 고무신과 찌그러진 냄비, 부러진 수저를 강제로 만들어 엿장수에게 주고 엿을 바꿔 먹었다.

  아이가 부모에게 냄비처럼 찌그러지도록 맞았는지 어쩐지는 모른다. 그것은 부모의 인격과 인품에 달린 것이니까.

개 팔자는 점점 좋아지는데

　세월은 많은 것을 변화시킨다. 환경과 물질만 바뀌는 것이 아니라 사람들의 의식과 가치관도 바뀐다.
　옛날에 개는 집을 지키는 보초병이며 여름철 보양식이었다. 개가 방안에 들어온다는 것은 있을 수 없는 일이었다. 댓돌 위에 올라와 방안을 들여다보기만 해도 빗자루로 매타작을 당했고, 부엌에 들어가면 부지깽이로 얻어맞았다.
　예외적으로 방안으로 들어오는 것이 허락되는 경우가 있었다.
　기저귀가 없던 시절, 아이가 똥을 누면 똥 처리하는 일을 개가 했다. 엄마가 누워 있는 아이의 두 다리를 들고 마당을 향해 「워리, 워리」하고 개를 부르면 개가 쏜살같이 들어와 아이의 똥을 순식간에 먹어치웠다. 걸레로 닦은 것보다 더 깨끗하게 핥아 먹고는, 더 싸기를 기다리는 듯 아이의 궁둥이를 들여다보다가 「그만 나가!」하면 머리를 숙이고 뛰어나간다.

당시의 개를 똥개라고 했는데 아마 똥을 먹어서 그런 별명이 붙은 것이 아닐까. 똥개도 모든 똥을 다 먹지는 않는다. 아이들 똥만 먹는다.

6, 70년대에는 매년 여름만 되면 마을 사람들이 냇가에서 커다란 솥을 걸어 놓고 개를 잡아먹었다. 특히 복날에 많이 잡아먹었는데, 여기저기서 개패는 소리와 개 비명이 들렸다. 「복날 개 패듯 한다.」는 속담이 그래서 생긴 것이 아닐까. 이 속담은 무자비한 폭력을 빗대어 꼬집을 때 쓰는 말이다.

그때는 지금처럼 개가 애완동물도 아니었고, 사람보다 더 나은 대우를 받는 시대가 아니었기 때문에 당연한 것으로 여겼고, 잔인하다는 생각도 들지 않았다.

애완견을 가족처럼 아끼고 사랑할 뿐만 아니라 스스로 애완견의 엄마 아빠라고 자칭하는 요즘 사람들이 들으면 분노를 느끼고 야만인이라고 할 일이지만 당시에는 그것이 자연스러웠고 당연했다. 아무도 이의를 제기하는 사람이 없었다.

고기를 먹기 어려운 시대에, 여름철 농사짓느라 땀을 많이 흘리고 지쳐 있는 사람들이 가장 손쉽게 접할 수 있는 보양식이 개였다.

무엇이든 시대에 따라 생각하고 느끼는 것이 다르다. 옛날과 달리 요즘은 개고기가 아니라도 양질의 먹을거리가 많아 굳이 그것을 고집할 필요도 없고, 머지않아 그것을 먹는 문화가 아주 사라질 것이라고 본다.

그리고 예전의 똥개와 지금의 애완견은 종자도 다르고 생김새도 다르다. 요즘 가족처럼 생각하는 애완견을 보고 침을 삼키는 사람은 없을 것이다.

개가 애완동물로 사람들의 사랑을 받은 세월보다 보신용으로 키우고 사람들을 위해 죽어간 세월이 훨씬 오래되었다.

그러했던 개 신세가 지금은 어떤가?

요즘은 개의 종류도 많고, 모양과 크기도 다양하고, 이름도 사람 이름 못지않게 세련됐다. 개를 위한 먹거리도 다양하다.

세 끼 먹는 사료로는 부족해서 맛있고 영양가 높은 간식도 많다. 옷은 물론 머리 장식용품과 놀이기구도 있다. 그뿐만 아니라 혹여 누가 때리기라도 할까 봐 동물보호법까지 만들어 이제는 사람의 인권에 못지않은 견권을 보장받고 있다.

산책할 때도 여행 갈 때도 개를 모시고 간다. 아이는 늙은 부모에게 맡기고…….

개하고 산책하다 개가 걷기 싫다고 끙끙거리면 얼른 안아 가슴에 품어 준다. 어쩌다 사람이 개를 발로 차면 동물학대죄로 처벌을 받는다.

어느 동물병원에서 수의사가 개를 치료하는데 개가 의사를 물었다. 순간 의사가 주먹으로 개를 한 대 쥐어박았다. 의사는 동물학대죄로 벌금을 물었다고 한다.

개한테 물리고 벌금 물고. 개와의 싸움에는 정당방위도 인정되지 않는 모양이다. 폭력을 먼저 가한 것은 개인데.

당초 아직 걷지 못하는 아기를 태우기 위해 만들어 놓은 유모차에 요즘은 아기보다 개가 타고 다니는 경우가 더 많다. 아이 대신 개를 키우고 유모차 대신 개모차가 거리를 누비는 시대가 되었다. 개의 천국이다.

그 모습을 지켜보는 소와 돼지, 닭은 얼마나 부러울까.

한술 더 떠 개 호텔도 생기고, 유치원도 생기고, 반려견 테마파크, 반려견 복합문화공간, 반려견 캠핑장, 리조트에 반려동물 객실도 생겼다고 한다.

아이를 낳지 않아 사람이 다니는 학교는 학생이 없어 폐교가 늘어나고 있는데, 애완견은 점점 늘어나고 있으니 그 빈 교실을 개가 채우는 날이 올지도 모르겠다.

뿐만 아니라 애완동물 장례식장까지 만들어 성대하고 엄숙한 장례식까지 치러준다. 앞으로 애완동물이 죽으면 부고도 보내고, 장례식 때 조위금도 받고, 상조회도 생겨날지 모른다. 또 장례식뿐만 아니라 개 결혼식도 올려주고 며느리 개, 사위 개가 생겨날지도 모른다. 그렇게 되면 그야말로 진짜 개 사돈이다.

이처럼 개에게 보내는 손길은 점점 따듯해지는데, 노부모에게 보내는 손길은 점점 멀어지고 있어 씁쓸한 마음이다. 과연 동물이 사람보다 우선되어야 하는지 의문이다. 동물은 먹을 것, 입을 것, 운동, 대소변 처리에 잠자리까지 직접 챙겨주고, 아프면 병원에도 직접 모시고(?) 간다.

그러나 노부모는 거동이 불편해지면 요양원 또는 요양병원으로 보낸다. 직접 보살피지 않는다. 물론 다 그런 것은 아니다. 직접 지극정성으로 보살피는 사람도 많이 있다. 그러나 자식의 손길에서 점점 멀어지고 있는 것은 사실이다.

그곳에 보내놓고 필요한 비용만 보내주면 자식의 도리를 다하는 것으로 생각한다. 현재 사회구조와 여건이 모든 부모·자식이 한집에 살기 어려운 상황이니 그럴 수도 있다.

그나마 요양원이나 요양병원에 보내고 비용을 부담하는 자식은 효자에 속한다. 개중에는 부모와 아예 연락을 끊고 사는 자식들도 있다.

늙고 병든 부모에게는 무엇보다 자식의 정성이 담긴 따뜻한 손길이 필요하다.

개 보살필 시간은 있어도 노부모 보살필 시간은 없다는 것인가?

어렸을 때 금이야 옥이야 귀하게 키워 놓아도 늙어 병들면 귀찮고 성가신 짐짝 취급을 받기 일쑤다.

떨어져 살다 보니 부모의 마지막 모습을 보지 못하는 자식들이 늘어나고 있다.

1980년대까지만 해도 부모봉양을 인간의 기본 도리이며 최고의 미덕이라고 생각하고 실천하였었는데 지금의 현실은 어떤가? 그 자리를 개에게 빼앗기고 외롭고 소외된 노후를 보내고 있지 않은가.

개는 늙어 병들면 죽을 때까지 지극정성으로 보살피다 죽으면 사람이 상주가 되어 장례까지 치러주는데, 극히 일부이기는 하지만 노인 중에 돌보는 이 없이 혼자 살다가 지켜보는 사람 하나 없는 방에서 외롭고 쓸쓸하게 생을 마감하고, 백골이 되어 발견되기도 한다.

비참한 죽음이다.

남의 일이라고만 생각할 사항이 아니다.

과거 없는 현재는 없다. 오늘의 풍요는 하늘에서 저절로 떨어진 것도 아니고 땅에서 솟은 것도 아니다. 부모 세대의 피땀으로 이루어진 결과물이다. 70년대까지만 해도 헐벗고 굶주림에 허덕이며 살아왔다. 잘 살아보려고 허리띠를 졸라매고 허리가 휘도록 열심히 일했다.

그러나 지금은 어떤가. 넘치도록 풍요로운 세상이 되었지만, 풍요를 이룩한 전 세대는 그 공을 인정받기는커녕 개보다 못한 대우를 받으며 늘그막에 홀로 외로이 여생을 보내고 있다.

젊은이들은 부모세대를 「꼰대」니 「라떼」니 하면서 자기들과 생각이 다르다고 무시한다.

효는 어려운 것이 아니다. 마음이 문제다. 연로하여 거동이 불편한 부모를 애완동물 보살피듯 하면 된다. 아니, 그 절반만 해도 부모들은 감격할 것이다. 부모가 서러운 마음이 들지 않도록 인간의 도리가 지켜져야 할 것이다.

자기를 낳고 길러주신 부모를 보살펴드리는 것은 사람의 기본도리이다. 윤리와 도덕을 따지기 전에 이것은 바로 자신의 문제이기도 하다. 애초부터 노인과 젊은이가 따로 있는 것이 아니라 나 자신이 바로 내일의 노약자다.

부모가 아직 힘이 있고 경제적 능력이 있을 때는 각자 사는 것이 더 편하다. 늙고 병들어 혼자 힘으로 거동이 어려울 때 자식의 손길이 필요하다.

인생의 마지막을 서러운 마음을 안고 혼자 가는 일은 없도록 해야 한다. 조금이라도 의식이 남아 있을 때, 며칠만이라도 옆에서 손을 잡아주어 편안하고 행복한 마음으로 눈을 감을 수 있게 해야 한다.

부모가 노후에 외롭고 쓸쓸하고 서럽고 섭섭함을 치유할 수 있는 것은, 물질이 아니라 가족의 따뜻한 마음과 손길이다.

자신이 오늘 부모에게 한 그대로 나중에 자기 자식에게 받게 된다.

15년 만에 오른 신선봉

2023년 10월 31일.

시월의 마지막 날씨가 참 좋다.

하늘이 유난히 높고 푸르다.

이런 날에 방안에 가만히 있으면 계절에 대한, 날씨에 대한 예의가 아니다. 따뜻한 봄과 뜨거운 여름을 견디고 이제 정든 가지와의 이별을 앞두고 울긋불긋 최고의 아름다움으로 장식한 모습을 봐주어야 나무도 좋아할 것이다.

자연에 대한 예의도 지키고, 내 체력도 시험할 겸 집에서 가깝고 경치가 빼어난 무릉계곡으로 가기로 하고 길을 나섰다.

무릉계곡은 자연이 갖추어야 할 것은 다 갖추고 있는 명승지이다. 1977년도에 국민관광지 제1호로 지정되었고, 2008년도에 명승지 제37호로 지정된 천혜의 아름다움과 웅장한 기상을 간직하고 있다.

사계절 맑은 물이 흐르는 넓은 계곡에는 크고 작은 바위들이 장관을 이루고, 계곡 양쪽에는 기암괴석과 수백 년 동안 계곡을 지켜온 천연림이 관광객들을 맞이하고 있다.

계곡의 백미인 무릉반석, 3단으로 이루어진 용추폭포, 그 밑에 쌍폭포, 그 밑에 선녀탕, 그 밑에 장군바위가 관광객의 마음을 녹인다. 보고 또 보아도 새롭고 신비함을 느낀다. 이리 보아도 기암절벽, 저리 보아도 기암절벽, 모두의 감탄을 토하게 하는 절경이다.

오랜 투병생활로 체력이 많이 떨어져 집을 나서면서도 신선봉까지 무사히 갈 수 있을까 하는 걱정이 앞섰다. 평지 길도 한 시간 이상 걷기 힘든데 왕복 3시간이 걸리고, 일부 구간은 매우 가파른 곳이라서 가기가 조심스러웠다.

날씨도 쾌청하고 얼굴을 스치는 바람도 기분이 상쾌할 만큼 불었다. 나무와 산의 좋은 기운 때문인지 우려했던 것만큼 힘들지는 않았다.

주말이 아닌 평일인데도 가을을 즐기려는 사람들이 많았다.

넓은 주차장에 차들이 꽉 찼다. 거기에다 삼척에서 80여 명의 초등학생이 소풍을 와서 계곡은 더욱 생기가 넘쳤다.

아이들은 한창 에너지가 넘칠 때라서 끼리끼리 어울려 참새 떼처럼 재잘거리며 다람쥐처럼 팔짝팔짝 뛰어다녔다. 숲 속에서 노래하던 산새들도 아이들이 떠드는 소리에 놀라 노래를 멈추었다.

 계곡의 신선하고 상쾌한 공기와 어린이들의 순수하고 발랄한 모습이 어우러져 계곡은 더욱 생동감이 넘쳤다.

 산 중턱까지는 단풍이 붉게 물들었으나 계곡은 아직 붉은빛보다 푸른빛이 더 짙었다.

 기온도 적당하고, 습도도 적당하고, 산들바람에 풍경까지 아름다우니 산행이 즐겁지 않을 수 없다.

 백년이 넘은 천연림 터널 길을 따라 올라가는데 가지를 떠난 나뭇잎이 머리 위에도 떨어지고 코끝과 어깨 위에도 떨어졌다. 봄의 꽃향기가 아직 콧속에 남아 있고, 아름다운 꽃잎이 눈앞에 아른거리는데 벌써 낙엽이 한 잎 두 잎 얼굴을 스치며 떨어지고 있다.

 사람들이 지나가니 다람쥐들이 가까이 다가와서 까맣고 반짝이는 눈으로 사람들을 쳐다본다. 먹을 것을 달라는 것 같았다. 사람들로부터 땅콩이나 과자를 얻어 먹어본 경험이 있는 모양이다.

 관리사무소에서 용추폭포까지는 완만하지만, 용추폭포 조금 못 미쳐 장군바위에서 신선봉까지 가는 길은 매우 가파르다. 일부 구간은 철 계단을 설치해 놓았다.

 아직 조금 이른 시기라서 길 위에 많은 낙엽이 쌓여 있지는 않았지만 오르는 길이 미끄러웠다.

가을 산행에서 가장 조심해야 할 것은 낙엽이다. 새 낙엽은 그 자체가 미끄럽기도 하지만, 더 위험한 것은 낙엽 속에 숨어 있는 돌이다. 낙엽 속에 숨어 있는 돌을 잘못 밟으면 발목을 삐거나 넘어져 크게 다칠 수 있다.

두 번째 철 계단이 끝나자 바로 문간재다.

문간재에 오르니 옛 생각이 떠올랐다. 어렸을 때 아버지와 함께 화전을 일구어 농사지은 콩을 져 나르던 일, 뱀을 잡기 위해 이 재를 넘나들던 일 등등.

화전은 여기에서도 허리띠같이 좁고 구불구불한 산길을 한 시간가량 더 올라가야 했다.

문간재에는 아버지와 함께 콩을 져 나를 때 쉬었던 바위가 아직도 제자리를 지키고 있었다.

돌이켜 보니 15년 만에 올라온 것 같다. 참으로 오랜만이다. 가까이 있으면서 이렇게 좋은 명산을 오랫동안 찾지 않은 것은 나의 게으름 탓이겠지. 어렸을 때는 먹고 살기 위해 자주 다녔고, 먹고 살만할 때에는 자연을 즐기기 위해 자주 다니던 곳인데 체력이 떨어지면서 발길도 뜸해졌다.

부실한 몸을 이끌고 한 걸음 한 걸음 걷다 보니 목적지에 도착하였다. 평소 같으면 관리사무소에서 50분이면 갈 수 있는 곳을 한 시간 20분이 걸려 도착했다.

신선봉에 오르면 동서남북의 경치를 한눈에 볼 수 있다. 계절마다 다른 모습을 감상할 수 있는 최상의 장소다. 마치 자신이 신선이 된 느낌이 들게 하는 곳이다. 그래서 신성봉인지도 모른다.

봄에는 아찔한 절벽에서 웃는 듯 피어 있는 꽃이 있고, 여름에는 무성한 숲, 가을에는 오색찬란한 단풍, 겨울에는 하얀 솜이불 같은 백설이 있는 곳.

신선봉을 가운데 두고 주변에 두타산, 청옥산, 고적대, 피마름골 등 명산이 감싸고 있어 그 위상과 아름다움을 더욱 높여 주고 있다. 입구에 있는 삼화사도 보인다.

신선봉은 무릉계곡의 전망대 같은 곳이다. 신선봉에서 둘러보는 경치는 그야말로 선경이다.

봄꽃은 겨우내 움츠렸던 사람들을 밖으로 나오게 하는 설렘이 있고, 가을 단풍은 지나온 자신을 깊이 생각하게 하는 무게감이 느껴진다. 지나온 긴 세월을 돌이켜보게 하고 마무리하는 계절이다.

봄꽃이 동자승의 해맑은 미소라면, 가을 단풍은 오랫동안 수도를 한 노승의 침묵이다.

신선봉에 올라 무엇을 탐하고 무엇을 걱정하리오. 이곳에 오른 사람들은 모두 신선인 것을…….

아, 나는 오늘 신선이었다.

어린 식모의 독백

 인간은 태어날 때부터, 아니 태아 때부터 자라는 환경이 다르고 대접이 다르다. 난자가 정자와 만나 자궁에 착상하면서부터 호사를 누리는 태아가 있는가 하면 겨우 목숨을 부지하며 열 달을 견디다가 세상 밖으로 나오는 사람도 있다.
 요즘 세간의 입에 오르내리는 금수저를 가지고 나왔느니 은수저를 가지고 나왔느니 흙수저를 가지고 나왔느니 하는 것도 다 이를 두고 하는 말이다. 그러나 어떤 스저이든 수저를 들고 나온 사람은 그나마 다행이다. 이것저것 아무것도 들고 나오지 못한 빈손도 있다.

 정말 억울하고 서러운 사람은 빈손으로 태어난 사람이다.
 1960년대 우리 마을에 흙수저도 못 가지고 빈손으로 나와 남의 수저로 겨우 목숨을 부지하는 어린 식모가 있었다.
 부모에게 버림받은 열 살 된 여자아이다. 가난해도 부모와 함께 살면 서러움은 덜하다. 부모는 든든한 울타리다. 아무리 가난해도 자식을 굶어 죽게 내버려 두지는 않을 거라는 믿음이 있다.

그 아이는 어느 부잣집에서 식모살이를 하고 있었다. 먹고 자는 걱정은 없어 보였다. 그러나 사람은 밥만으로 사는 것은 아니다. 어릴 때는 밥보다 부모의 사랑이 더 절실하다.

이웃에 사는 어린 식모는 빨래하고 물 길어 나르는 것은 물론, 집안일을 거의 도맡아 하고 있었다. 나는 어린 마음에도 그 아이가 너무 불쌍하고 애처로워 보였다.

그 아이는 동네 아이들과 같이 어울려 놀아 본 적이 한 번도 없었다. 또래 아이들과 어울려 한창 뛰어놀 나이에 매일 일에 묻혀 살았다. 초등학교에도 다니지 않았다.

어린 식모가 사는 집 앞에는 작은 개울이 있었다.

어느 겨울날, 나는 집에 있기가 갑갑해 동네를 한 바퀴 돌아 그 개울로 갔다. 한겨울이라 개울은 꽁꽁 얼어있었고, 가끔 얼음 위로 칼날 같은 찬바람이 지나갔다. 그 아이는 꽁꽁 언 얼음에 바가지 하나가 드나들 만큼 작은 구멍을 내고 바가지로 물동이에 물을 퍼 담고 있었다. 물을 퍼 담으며 짐승의 앓는 소리 같은, 얼른 알아들을 수 없는 소리를 혼자 중얼거리고 있었다.

바가지를 쥔 오른손 검지에는 광목이 감겨있었다. 지난가을 콩깍지를 썰다가 작두에 손가락 한 마디가 잘렸다고 했다. 날씨가 추우면 잘린 손가락이 더 아프고 시리다고 했다. 물을 퍼 담는 손은 얼어서 푸른색이 짙었다.

이제 겨우 열 살밖에 안 된 아이의 얼굴에는 웃음기가 없었다. 아이는 물을 퍼 담으며 계속 신세타령을 하고 있었다. 어린 가슴에 무슨 한이 그리도 많은지 사람이 가까이 다가가도 모르고 혼자 뭐라고 계속 중얼거렸다.

나는 가만히 귀를 기울여 들어보았다.

"엄마, 엄마는 나를 버리고 어디로 가셨나요? 왜 나를 낳았나요? 사는 게 너무 힘들어요! 이렇게 버릴 바엔 낳지나 말지. 흑 흑, 으흐흑……."

아이는 엄마가 그립기도 하고 원망스럽기도 한 모양이었다. 무슨 서러움이 그리 많은지 평소에도 일하면서 신세 한탄을 자주 했다. 어쩌면 버릇이 되었는지도 모른다.

그 어린 식모의 독백은 어머니에 대한 원망인가? 그리움인가? 나이에 비해 하는 일이 너무 버거워 보였다. 일이 힘들고 고달픈 만큼 엄마생각이 더 간절한 모양이다. 어린 나이에 식모살이가 얼마나 힘들었으면 신세 한탄을 입에 달고 있을까.

가난해도 부모와 함께 살면, 같은 욕을 먹고 매를 맞아도 식모살이만큼 서럽지는 않을 것이다. 부모의 욕은 미움의 욕이 아니요, 부모의 매는 미움의 매가 아니기 때문이다.

가난한 집에서 딸을 부잣집으로 식모살이 보내는 것은 굶지 말고 배불리 먹고 살라는 바람 때문이다. 그러나 부잣집에 간다고 누구나 배불리 잘 먹는 것은 아닌 것 같다. 좋은 사람을 만나면 사람대접을 제대로 받으면서 일하겠지만 그렇지 못한 경우도 있다. 악한 주인은 식모를 노예로 생각한다.

남의 손에 자라는 아이 중에는 부모와 함께 나갔다가 잃어버린 경우도 있고, 부모가 일찍 사망해 홀로된 경우도 있고, 부모로부터 버림받아 홀로된 아이도 있다. 그중에서 버려진 아이의 가슴이 가장 아플 것이다. 그녀의 넋두리를 들어보면 버림받은 아이인 것 같았다. 그녀의 넋두리에는 원망과 한이 서려 있었다.

어서 따뜻한 봄이 와서 저 아이의 언 손과 시린 가슴을 녹여주어야 할 텐데…….

검은 떡

요즘 떡 가게에 가보면 먹음직스러운 떡들이 많다. 떡의 종류도 많고, 모양도 다양하고, 색깔도 다양하다. 떡 가게가 아니라 꽃 가게 같다. 보기 좋은 떡이 먹기도 좋다는 말이 있듯이 그 떡들은 보기도 좋고 맛도 좋아 보인다.

보기 좋은 떡이 먹기도 좋다는 말은 같은 음식이라도 정성을 들여 그 모양과 빛깔을 보기 좋게 만들어 놓으면, 그 모양과 빛깔에서부터 식욕을 느낄 수 있다는 것이다. 음식도 먼저 눈으로 즐기고, 냄새로 즐기고, 입으로 맛을 즐긴다.

그러나 사람이 살아가면서 항상 보기 좋은 떡만 먹을 수는 없다.

내가 어렸을 때는 떡 구경하기가 쉽지 않았다. 명절이나 이웃집 잔칫날이라야 구경할 수 있었다.

사람의 욕구 중에 가장 기본적이고 절실한 욕구가 식욕이다. 이는 생존을 위한 기본 욕구이며 권리이다.

요즘 아이들은 60년 전의 아이들에 비해 얼마나 예쁜가. 필요한 영양분을 충분히 섭취하고 위생적인 환경에서 부모의 지극한 사랑을 받고 자랐기 때문이다. 내가 어렸을 적 아이들의 모습과 너무나 대조적이다. 영양 부족으로 얼굴에는 버짐이 피었고, 머리에는 감자 누룽지 같은 헌데 자국이 마치 산사태 난 모습 같았다. 그뿐만 아니라 누런 콧물이 입에까지 오르내리고, 콧물 닦은 옷소매는 햇빛에 번들거렸다.

여기서 사람의 기본 욕구인 음식이야기를 하려고 한다.
떡을 보니 문득 어렸을 때 먹은 떡이 기억난다.
내가 아직 딱딱한 음식을 씹어 먹지 못하던 어릴 때의 이야기다. 아주 어렸을 적에 있었던 일인데도 내 기억에는 당시의 모습이 또렷이 남아 있다.
먹을 것이 부족했던 시절, 개울 건너 양지마을에 사시는 외할머니는 먹을 것이 생기면 당신이 드시지 않고 땟국이 흐르는 보자기에 싸서 모아두었다가 외손자인 나에게 먹였다.
어느 날 떡을 가져오셨다. 할머니가 가지고 오신 작은 보자기를 푸니 그 속에는 검은 떡이 들어 있었다.
검은 떡.
감자떡인가? 아니면 쑥떡인가? 그도 아니면 보리개떡인가?
아니다. 흰 쌀로 만든 절편이다.

흰 쌀로 만든 절편이면 흰색이어야지 왜 검은색인가?

그것은 떡을 얻어 놓은 지 오래되어 곰팡이가 피었다 마르기를 여러 번 반복해서 흰 떡이 검게 변한 것이다. 떡이 검을 뿐만 아니라 돌처럼 딱딱하게 말라 있었다.

나는 아직 그 딱딱한 떡을 직접 씹어 먹을 수가 없었다. 그래서 할머니가 씹어서 입에 넣어주는 것을 맛있게 받아먹었다. 마치 아직 눈도 뜨지 못한 어린 새 새끼가 어미가 물어다 주는 벌레를 맛있게 받아먹듯이 먹었다. 당시에는 더럽다는 생각은 전혀 못했다. 아니, 더럽고 깨끗함을 구별할 수 있는 나이가 아니었다. 오로지 기본 욕구를 채우려는 본능만 있을 뿐이었다. 입에 넣어주는 것은 무엇이든 받아먹는 시기였다. 빨리 먹고 싶어 할머니의 입만 쳐다보았다.

곰팡이가 핀 떡은 비위생적인 음식이다. 먹으면 배탈이 날 위험이 크다. 그러나 나는 그 떡을 먹고 탈이 난 적은 한 번도 없었다.

나는 곰팡이가 핀 비위생적인 떡을 받아먹은 것이 아니라 사랑을 받아먹었고 행복을 받아먹었다. 검은 떡을 먹고도 탈이 나지 않은 것은, 주는 사람은 사랑으로 주었고 먹는 아이는 믿음으로 먹었기 때문이다.

이처럼 검은 떡을 씹어서 먹인 것은 내가 그 사실을 기억하기 훨씬 전부터 그랬을 것이다. 나중에 나 스스로 딱딱한 떡을 씹어 먹을 수 있을 때에도 가끔 떡을 가지고 오셨다.

지금 생각하면 곰팡이가 핀 그때의 그 떡은 아주 비위생적인 음식이었다. 더구나 할머니가 씹어서 주는 것을 먹었으니, 요즘 사람들의 입장에서 본다면 아마 3년 전에 먹은 음식까지 토하려고 할 것이다.

사람들은 말하겠지. 남의 입안에 있던 음식을 어떻게 먹느냐고.

요즘 젊은이들은 옛날 사람 보다 남의 입안에 있는 것을 더 많이 먹는다.

무슨 소리냐고?

요즘 젊은 연인들은 때와 장소를 가리지 않고 입맞춤을 한다. 입술만 맞대고 말까요? 마치 혀까지 뽑아 삼킬 듯이 입속의 모든 것을 흡입한다. 그중에는 상대의 침도 있고 음식물 찌꺼기도 있다.

더럽던가요? 아니지요. 달콤하고 황홀했을 겁니다.

남의 침이 달콤할 리가 없지요. 그러나 사랑하는 사람의 침은 달콤하고 황홀합니다. 입속에는 수많은 세균이 있지만, 사랑하는 사람들의 침을 삼키고 세균에 감염되어 탈이 난 사람은 없습니다.

옛날 할머니들의 손자에 대한 사랑은 요즘 젊은이들의 이성 간의 사랑보다 더 진실하고 헌신적인 사랑이었습니다.

더러움도 할머니의 손자에 대한 사랑과 아이의 믿음을 이기지는 못합니다.

사랑은 따뜻하고 아름다운 세상을 만드는 원동력이며 만병을 치료하는 묘약입니다. 이성 간의 사랑만 사랑이 아닙니다. 모든 것을 사랑하는 마음으로 대한다면 그 사랑의 힘은 곧 자신에게로 되돌아옵니다. 돌 하나도 풀 한 포기도 사랑하는 마음으로 대한다면 따뜻하고 행복한 사회가 될 것입니다.

그때 먹은 검은 떡은 내가 먹어본 떡 중에 가장 맛있는 떡이었다.

떠돌이 부부 개의 사랑

인간과 가장 가까이에서 가장 깊은 관계를 맺고 사는 동물이 개다. 원래는 야생이었지만 오랜 옛날부터 인간이 개를 길들여 사냥에 이용했다. 개는 충직하고 영리한 동물이다. 그 충직성과 영리함 때문에 목축용, 경비용, 군용, 경찰용, 구조용, 시각장애인 안내용, 마약탐지용으로 쓰이고, 요즘엔 애완용으로 사랑을 받고 있다.

이처럼 개를 여러 분야에 활용하고 아끼면서도 「개」라는 말 자체는 천하게 여기고 부정적으로 쓰인다. 하찮은 물건, 천하거나 가치가 없는 것, 맛이 없거나 먹을 수 없는 것을 이를 때에 「개」자를 붙이고, 욕할 때에도 「개」자를 붙인다. 개코, 개뿔, 개구멍, 개똥, 개떡, 개털, 개꽃, 개머루, 개살구, 개복숭아, 개자식, 개새끼, 개 같은 놈, 개소리 등.

그러나 개 중에는 사람보다 훨씬 나은 개들도 있다. 주인이 위험에 처했을 때 자신의 목숨을 걸고 주인을 구했다는 이야기도 전해오고, 함께 살던 주인이 죽으면 밥도 먹지 않고 슬퍼하는 모습도 볼 수 있다.

또 개보다 못한 주인이 기르던 개를 차에 태워 멀리 갖다 버리면 주인이 나를 데리러 올 것이라고 믿고 그 자리를 떠나지 않고 하염없이 기다린다. 주인에 대한 충성과 믿음은 보는 사람으로 하여금 가슴을 울리게 한다.

개 중에는 방안에서 사람과 동거하며 호의호식하고 사는 개가 있는가 하면 깊은 상처를 입고 버려진 개도 많다.

자식을 버리는 부모도 있고, 부모를 버리는 자식이 있는 세상에, 개를 버리는 것에 죄의식을 느끼지 못하는 사람도 있겠지만, 어떤 생명체든 학대하고 고통을 주는 것은 죄악이다.

상처 입고 떠도는 부부 개의 사랑.

어느 마을에 암수 두 마리의 개가 피를 흘리며 돌아다니고 있었다. 암캐는 목줄이 살을 파고들어 피를 흘리고 있었고, 수캐는 올무에 걸려 상처를 입었다. 올무는 오른쪽 어깨에서 왼쪽 겨드랑이까지 대각선으로 걸려 겨드랑이에서 피가 흐르고 있었다. 모두 인간의 잔인한 행위로 인해 생긴 상처다.

두 마리의 개는 잠시도 떨어지지 않고 항상 같이 다니며 서로의 상처를 핥아주고 있었다. 그 모습은 금실 좋은 부부를 연상케 했다. 깊은 상처로 둘 다 큰 고통을 겪으면서도 서로 보듬으며 사랑을 하였고, 그 열매로 암캐는 마을 가까이에 있는 묘지 옆 덤불 밑에 새끼를 여섯 마리 낳았다.

여섯 마리의 새끼에게 젖을 주기 위해서는 어미 개가 잘 먹어야 하는데 떠돌이 신세라서 잘 먹을 수가 없었다.

개를 학대하거나 버리는 사람이 있는가 하면 버려진 개를 알뜰히 보살펴 주는 사람도 있다. 다행히 천사 같은 마을 주민 한 분이 상처 입은 개를 불쌍히 여겨 먹을 것을 챙겨주었다. 그러던 중 그 아주머니는 개가 새끼를 낳은 것을 알게 되었고, 제대로 먹지 못하는 어미 개가 애처로워 닭고기를 푹 끓여 넉넉하게 챙겨주었다.

여섯 마리의 새끼에게 젖을 먹여야 하는 어미 개는 배가 많이 고픈지 허겁지겁 먹었다. 그런데 옆에 있는 수캐는 먹지 않고 암캐가 먹는 모습을 지켜보고만 있었다. 자기도 배가 많이 고프고 그 고기가 먹고 싶었을 텐데 암캐가 배불리 먹고 물러설 때까지 지켜보고만 있다가 암캐가 다 먹고 물러나자 밑바닥에 조금 남은 음식을 먹었다. 그 모습을 보자 코가 찡해지고 나도 모르게 감동의 눈물이 흘렀다. 사람도 저렇게까지 하기는 힘들 것이다.

마치 남편이 첫 아이를 낳은 아내에게 미역국을 끓여주고 맛있게 먹는 모습을 흐뭇하고 사랑스러운 눈으로 지켜보는 것 같았다. 그 수캐도 얼마나 배가 고프고 먹고 싶었을까? 그런데도 같이 먹지 않고 옆에서 암캐가 먹는 것을 지켜보고만 있는 모습은 보는 이로 하여금 가슴이 뭉클하고 짠하게 했다. 수캐는 암캐가 여섯 마리의 새끼에게 젖을 먹이기 위해서는 많이 먹어야 한다는 것을 아는 것 같았다.

개들은 먹이 앞에서는 인정사정없는 것이 일반적이다. 먹을 때는 다른 개가 가까이 오지 못하게 콧등에 주름을 있는 대로 잡고 이빨을 드러내며 으르렁거린다.

암캐가 배불리 먹을 때까지 옆에서 지켜보며 기다리는 수캐의 모습을 보고 "아, 저 개가 사람보다 낫구나!" 하는 생각이 들었다.

요즘 개보다 못한 심보를 가진 사람이 얼마나 많은가.

수캐의 저 모습을 보고 누가 개를 하찮은 동물이라고 하겠는가. 일부 자기밖에 모르는 몰염치한 사람보다 얼마나 상대를 배려하고 사랑하는 모습인가. 저 모습을 보면 동물에게도 사람 못지않은 감정이 있고, 생각이 있고, 배려심이 있다는 것을 부인할 수 없다.

수캐는 아빠의 역할과 남편의 역할을 충실히 해내고 있었다.

인간이 본받아야 할 만한 모습이다.

동방무례지국

사람의 품격, 교양, 품위, 인성은 「예의」에서 나온다. 예의는 질서이기도 하다. 예의는 사회의 질서를 유지하기 위하여 사람이 지켜야 할 기본예절이다. 질서가 깨어지면 혼란이 닥치게 된다. 가족의 질서, 사회의 질서, 국가의 질서, 자연의 질서, 우주의 질서가 잘 지켜질 때 평화와 행복이 유지된다.

우리나라를 동방예의지국이라고 한다. 또 아시아의 등불이며 조용한 아침의 나라라고 했다. 그러나 이제는 옛날이야기가 되었다. 동방예의지국이 동방무례지국이 된지 오래다. 조용한 아침의 나라가 너무 혼란스럽고 시끄럽다. 아이들이 어른을 존경하고 어려워하고 무서워하는 것이 아니라 어른들이 아이들을 무서워하고 눈치 보는 세상이 되었다.

예의와 함께 존경심도 사라졌다.

서로 양보하고 사양하는 겸양의 미덕도 사라졌다.

자식을 낳기는 쉽다. 그 자식을 어떻게 기르고 가르치느냐가 문제다. 지나치게 보호해도 문제고, 너무 무관심해도 문제다. 무엇보다 인성교육이 제대로 되어야 한다.

아무리 예절과 도덕이 중병에 걸린 세상이라 하지만, 그것은 사람이 사람답게 사는 기본이다. 올바른 인성을 갖춘 후에 지식을 쌓아야 한다. 인성이 갖추어지지 않은 지식은 흉기가 될 수 있다.

어른들은 아이들의 잘못을 보고도 말하기를 꺼린다.

왜 그럴까?

말하면 아이들로부터 험한 말을 들어 망신당할 수 있기 때문이다.

청소년들이 어른에게 담배를 달라고 하고, 심지어 미성년자들이 자기 대신 담배와 술을 사달라고 하는 일도 있다. 거절하면 폭행도 서슴지 않는다.

젊은 사람들이 노인을 화풀이 대상으로 삼아 폭행을 서슴지 않는다. 늙은 것도 서러운데 손자 같은 사람으로부터 이유 없는 폭행까지 당하는 세상이다.

요즘 동물은 조금만 괴롭혀도 동물학대죄로 처벌받는데 그보다 더 심한 노인 학대는 그냥 묻히는 경우가 많다. 노인 보호가 동물보호보다 너무 허술하다.

선생님도 학생들의 잘못을 지적하기 조심스러워 한다. 학생과 학부모의 항의가 무서워서다.

뿐만 아니다. 학생들이 선생님을 욕하고 폭행하는 일이 심심찮게 벌어지고 있으며, 학부모들도 덩달아 선생님에게 폭언과 폭행을 가하고 있는 세상이다.

어느 초등학교에서는 무단 조퇴하는 학생을 막았다고 학생이 교감 선생님의 뺨을 때리고 욕하고 침까지 뱉었다고 한다. 학교에서 그 학생에게 학칙에 따라 처벌을 내리자 부모가 담임선생님에게 폭행을 가했다.

학생과 학부모가 선생님을 폭행하는 사례가 심심찮게 벌어지고 있는 세상이 되었다. 학생이 선생님을 어려워하는 것이 아니라 선생님이 학생을 두려워하는 세상이 되었다.

이처럼 학교와 선생님을 괴롭히고 교육의 근본을 파괴하는 현상들은 오로지 내 새끼가 최고이고, 내 새끼만을 위한 「내 새끼 지상주의」 때문이다.

군사부일체라는 말이 죽어 땅속 깊이 묻힌 지 이미 오래되었다.

어른과 스승을 존경하지 않을 뿐만 아니라 경멸하고 있다. 이 지경이 된 것을 아이들 탓만 할 수도 없다. 어른들이 그렇게 키운 것이다. 아이들의 잘못된 생각과 행동을 꾸짖는 어른이 없다. 윤리, 예의, 효를 들먹이면 조선시대 귀신 취급하는 세상이다.

낳아주시고 길러주신 부모의 은혜에 마땅히 감사해야 함에도 불구하고 폭행하고 살해까지 하는 패륜 행위가 끊이지 않고 있다. 또 자기에게 가르침을 주신 선생님의 은혜에 감사해야 함에도 오히려 욕하고 폭행까지 하는 지경에 이른 현실이 답답하고 막막하고 서글프다.

너무 돈, 돈 하다 보니 인간의 윤리와 양심이 사라지고 돈 몇 푼 때문에 사람을 죽이기까지 하는 지경에 이르렀다.

돈, 돈 하면서도 힘든 일은 하지 않으려고 한다. 그러다 보니 범죄를 저지르게 된다. 비정상적인데 머리를 쓰느라 머리는 점점 뜨거워지고 가슴은 점점 얼어간다.

부모를 효도관광으로 포장해 외국에 버리고 오는 자식, 부모가 금 나와라 뚝딱 하면 금이 쏟아지는 도깨비 방망이로 생각하고 돈 안 준다고 주먹질하는 자식. 이 나라에 입에 올리기도 끔찍한 일이 벌어지고 있다.

부모를 죽이고, 배우자를 죽이고, 자식을 죽이고, 형제를 죽이고, 이웃을 죽이고, 기분 나쁘다고 일면식도 없는 타인을 죽이는 세상이다.

외국 유학까지 간 부유한 집안의 자식이 부모가 자신의 방탕한 생활을 꾸짖었다고 부모를 살해한 일도 있다.

존속 살인 및 상해 범죄가 연간 수천 건에 이른다고 한다. 그

중에 존속 살인이 수십 건에 이른다.

존속 살인 중에는 부모가 죽으면 막대한 재산을 빨리 상속받는다는 어이없는 계산이 범행 동기인 경우가 많다. 존속 살인은 인간성 파탄에서 오는 것이다.

이는 물질만능주의로 인해 도덕과 윤리에 바탕을 둔 인성교육이 사라지면서, 예의와 질서, 사랑과 배려, 양보가 함께 사라졌기 때문이다.

예의, 양보, 배려, 존경, 존중, 질서가 사라지고, 사기, 폭행, 살인, 탐욕, 분노가 판치는 세상이 되었다. 개도 탄식할 일이다.

동방예의지국이라는 옷을 벗어 던지고 동방무례지국이라는 옷을 입은 지 오래다. 앞으로 동방말세지국이 되지 않을까 하는 걱정이 앞선다.

동방무례지국이라는 불명예를 벗고 동방예의지국을 되찾으려면 어렸을 때부터 인성교육이 제대로 이루어져야 한다.

반포反哺하는 까마귀가 인간의 패륜을 보고 뭐라고 할까. 나보고 재수 없다고 침 뱉더니 까마귀보다 못한 인간들이라고 욕하며 침을 뱉을 것이다.

노숙자의 미소

미소만큼 아름다운 것도 없다.

미소는 본인뿐만 아니라 상대방의 마음에도 꽃이 피게 한다. 그래서 「웃는 얼굴에 침 못 뱉는다.」는 말이 있다. 미소는 본인과 상대방, 사회를 따뜻하게 하는 불꽃이다. 미소는 전염성이 강하다. 어느 한 사람이 미소를 지으면 그 미소를 보는 사람들도 자신도 모르게 따라서 미소를 짓게 된다.

미소는 메마른 가슴에 꽃이 피게 하는 꽃씨다.

나무의 미소는 꽃이고, 사람의 꽃은 미소다.

웃음꽃은 꽃 중에 가장 아름다운 꽃이며, 계절과 관계없이 피는 꽃이다.

나는 2019년부터 서울에 가끔 다녀온다.

친인척이 있어 가는 것도 아니고, 구경 가는 것도 아니다. 누구나 가기 싫어하고 안 갈수록 좋은 병원에 가기 위해서다.

나는 간경화와 간암 치료를 위해 3개월마다 서울 병원에 다녀온다. 병원으로 가는 길에 육교가 있는데 육교 위에 노숙자 한 사람이 모자를 앞에 놓고 오가는 사람들의 온정을 기다리고 있었다.

육교 위를 오가는 사람은 많아도 돈을 넣고 가는 사람은 보이지 않았다. 모자 안을 들여다보니 100원짜리 동전 세 닢이 들어 있었다. 그 사람이 무슨 연유로 노숙자가 되어 육교 위에 앉아 오가는 사람들의 온정을 기다리는지는 모르지만, 어찌 되었든 현재 남의 도움이 필요한 처지이니 따뜻한 손길이 있기를 바란다.

나는 서울 갈 때마다 노숙자에게 만 원을 주었다.

그 노숙자는 오전에 병원으로 갈 때는 육교에 있는데 오후에 올 때는 보이지 않았다. 오전과 오후의 영업장소가 달라 장소를 옮긴 것일까. 한 곳에서 하는 것보다 두 곳에서 하면 수입이 더 나을까. 이유는 알 수 없지만 한 곳에 온종일 있지는 않았다.

그런데 2023년 6월부터 1년 동안 보이지 않았다. 일거리가 생겨 노숙생활을 그만두었다면 다행이지만, 한편 혹시나 잘못되지는 않았는지 걱정도 되었다.

그러다가 2024년 6월 25일 1년 만에 그 사람이 육교위에 앉아 있었다. 오랫동안 보이지 않아 걱정했는데 다시 보니 순간 반가운 마음이 들었다. 모자 속에는 100원짜리 동전 두 개가 있었고, 나보다 앞서 어떤 아주머니가 2천 원을 건네주고 있었다. 몇 년간 지나며 봤지만, 지폐를 주는 사람은 처음이었다. 나도 다가가 만 원을 주며 그동안 왜 안 보였느냐고 물어보니 많이 아팠다고 한다. 자기는 집도 없다고 했다. 집이 없으니까 노숙을 하지 집이 있으면 무엇 때문에 노숙을 하겠는가.

노숙자는 몸이 아파도 돌아가 편히 쉴 집이 없다. 그뿐만 아니라 적절한 치료를 받을 수도 없다. 스스로 병마와 싸워 이겨내야 한다.

나를 알아보는지 어떤지는 모르지만 만 원을 주니 쳐다보며 엷은 미소를 지었다.

3개월에 두 번 씩(검사받기 위해 한 번, 검사 결과를 보기 위해 한 번) 스쳐 지나가니 내 얼굴을 알아보지 못할 수도 있다. 그러나 어쩌면 만 원을 받은 것은 기억할지도 모른다. 짧은 순간이지만 미소 짓는 모습은 보기 좋았다. 저 사람이 과연 하루에 몇 번이나 웃을 수 있을까? 하루에 한 번이라도 웃을 일이 생겼으면 좋겠다.

그동안 여러 번 지나면서 작은 도움을 주었지만 나를 쳐다보며 고개만 숙여 고마움을 표시하고 웃은 적은 없었는데, 이번에는 미소까지 지었다. 5년 만에 처음 보는 미소였다. 저 미소가 나를 알아본다는 의미일까? 만원으로 그 사람이 미소를 지을 수 있다면 나는 만 원보다 더 큰 보람과 기쁨을 얻은 셈이다.

내가 만원을 건네자 어떤 아주머니가 보더니, 돈을 그렇게 많이 주면 일을 안 한다며 주지 말라고 했다. 신체 건강한 사람이 일하기 싫어 노숙자가 되었다면 비난받을 수 있고, 비난받아 마땅하다.
노숙자 중에는 몸이 건강하면서도 일하기 싫어 노숙생활을 택한 사람도 있을 수 있겠지요.
그러나 내가 보기에 그 사람은 일 할 수 있는 상태가 아니었다. 나이만 보면 아직 한창 일 할 나이지만 일 할 수 있을 만큼 건강이 좋아 보이지는 않았다.
얼굴은 많이 찌들어 있었다. 동상을 입은 것 같기도 하고, 화상을 입은 것 같기도 하고, 때가 찌든 것 같기도 했다.
무슨 사연으로 노숙자 생활을 하게 되었는지는 알 수 없다. 그 사연은 노숙자 수만큼이나 많을 것이니까. 나름대로 그럴만한 사연이 있을 것이다. 사연이야 어떻든 현재가 중요하다. 현재 남의 도움이 필요한 처지이니 밥 한 끼라도 도움을 줄 수 있으면 이것저것 따지지 말고 도와주면 된다. 서러움 중에 배고픈 서러움이 가장 크다.

얼음처럼 차가운 마음으로 본다면 남을 도와줄 필요가 없다. 잘 살고 못 사는 것의 원인과 책임은 본인에게 있으니까. 그러나 사람은 얼음이 아니다. 뜨거운 피가 흐르고 따뜻한 마음이 있다. 원인이야 어디에 있든 현재 상황이 어렵고 남의 도움이 필요하다면 작은 도움이라도 주는 것이 뜨거운 심장을 가진 사람의 도리이다.

노숙자는 어느 나라에나 있다. 선진국이라고 다 좋은 집에서 잘살고 있는 것은 아니다.

노숙자 생활을 하는 사람들도 저마다 그러한 생활을 하게 된 사연이 있을 것이다. 노숙자 수만큼 사연도 다양할 것이다.

노숙자들이 모두 처음부터 노숙생활을 한 것도 아니고 처음부터 가난하거나 무능력한 사람만 있는 것도 아니다.

노숙자 중에는 한때 잘 나가던 사장님도 있고, 학생을 가르치던 선생님도 있고, 법조인도 있다. 사회 각 분야에서 타의 존경과 부러움을 받다가 이러저러한 사연으로 노숙자가 된 이들도 있다.

이들에게 미소 지을 일이 많이 생기기를 바란다.

나는 지금 우주여행 중이다

사람은 누구나 여행을 좋아한다. 그것이 본능인지도 모른다.
여행은 미지의 세계에 대한 호기심도 있지만 매일 되풀이되는 따분한 일상에서 벗어난다는 측면에서도 즐거운 것이다.

국내 여행은 이제 여행 축에 들지도 못한다. 해외여행이 보편화된 지 오래다. 노인에서 어린아이까지 해외여행을 안 해본 사람을 찾기 힘들 정도다. 세계 곳곳을 거의 다 다녀본 사람도 적지 않다.

한 단계 넘어 우주여행 이야기도 나오고 있다. 아직은 시험 단계로 극히 일부 사람만 할 수 있지만 머지않아 우주여행이 일반화될 것으로 보인다. 누구나 쉽게 갈 수 있는 여행은 아니지만…….

인간이 만든 우주선은 작고 비싸고 안전성도 보장할 수 없다. 우리는 이미 아름답고 안전한 큰 우주선을 타고 우주여행을 하고 있다. 태곳적부터 해온 여행이다.

아직 무슨 말인지 모르겠다는 표정이군.

바로 지구라는 큰 우주선을 타고 우주여행을 하는 중이다.

우리는 이처럼 크고 아름답고 안전한 우주선을 타고 날마다 우주여행을 하면서도 그것을 느끼지 못하고 산다. 너무 크면 보이지도 않고 느낄 수도 없다.

지구는 시속 1,670킬로미터의 속도로 돌고, 시속 107,160킬로미터의 속도로 달리고 있다. 이처럼 엄청나게 빠른 속도로 돌고 달리는데도 우리는 그 속도감을 전혀 느끼지 못하고 있다.

지구라는 우주선은 참 공평하다. 빈부귀천을 따지지 않고 누구에게나 똑같은 승선권을 준다. 그런데 자기가 현재 우주여행을 하고 있다고 느끼는 사람이 얼마나 되는지는 나도 모른다. 아마 생각보다 많지는 않을 것이다. 도두들 콘크리트벽 속에 갇혀 살고 있으니 모르고 있을 것이다.

지구라는 큰 우주선을 타고 우주여행을 하면서 보고 느끼는 것은 사람마다 다르다. 전혀 느끼지 못하는 사람도 있고 매일매일 새로운 모습을 느끼는 사람도 있을 것이다.

우주여행은 낮보다 밤이 더 아름답고 실감 난다. 달의 숨바꼭질도 볼 수 있고, 별의 이야기도 들을 수 있고, 별똥별이 펼치는 우주 쇼도 볼 수 있다.

돈이 많고 지위가 높을수록 더욱 느끼지 못할 것이다. 하늘을 쳐다볼 기회가 많지 않으니까. 제 발로 땅을 밟고 많이 걷는 사람은 우주 여행하고 있음을 느낄 수 있을 것이다.

밤하늘을 자주 쳐다보는 사람은 우주여행을 제대로 즐기고 있는 사람이다. 같은 밤이라도 도시의 밤보다 시골의 밤이 더 실감난다. 도시에서는 가로등과 건물에서 쏘아대는 화려한 조명 때문에 밤하늘 풍경이 잘 보이지 않는다.

낮에는 아무리 맑은 하늘이라도 태양과 하얀 반달 외에는 아무것도 볼 수 없다. 가끔 누구를 태우고 어디로 가는지 하얀 구름 띠를 만들며 여객기만 지나가고 있을 뿐이다.

사람이 만든 비싼 우주선을 타고 우주여행을 해도 지구를 타고 우주여행 하는 것과 별반 다르지 않을 것이다. 인공우주선을 탄다고 하여 태양계 밖으로 나갈 수는 없을 테니까. 지구우주선과 다른 점이 있다면 지구를 보는 느낌은 다를 것이다.

숲속에서는 숲 전체를 볼 수 없듯이 지구에서는 지구 전체의 모습을 볼 수 없으니까. 그러나 우주선을 타고 멀리서 지구를 보면 지구의 또 다른 모습을 볼 수 있을 테니까.

비싼 인공우주선을 타고 우주여행을 해 봐도 지구만큼 아름답고 생동감이 넘치는 별은 볼 수 없을 것이다.

지구우주선에는 볼거리, 즐길 거리, 먹을거리도 풍성하다.

연료 걱정도 할 필요 없다.

우리에게 가장 소중한 보물은 지구다.

현재 지구 우주선을 타고 있는 승객들에게는 앞으로 자손 대대로 타고 갈 아름답고 소중한 이 지구 우주선이 망가지지 않도록 아끼고 사랑하고 보호해야 할 책임과 의무가 있다.

변함없이 일정한 속도로 달리고 있는 지구우주선.

나는 오늘도 크고 아름답고 안전한 우주선을 타고 우주여행 중이다.

시속 107,160킬로미터로 달리고 있다.

새해맞이

　매년 1월 1일에는 새해 첫 일출을 보기 위해 많은 사람이 바다로, 산으로 몰린다. 한겨울의 강추위도 아랑곳하지 않고 미리 떠나 가까운 숙소에서 밤을 보내는 사람도 있고, 일출 시각에 맞추어 밤길을 달려가는 사람도 있다. 어느 때 뜨는 해든 다 같은 해지만 사람들은 새해 첫 일출에 특별한 의미를 둔다.
　강추위 속에서도 먼 길을 달려와 저 멀리 수평선에서 붉게 떠오르는 태양을 보며 소원을 빈다. 아픈 사람은 병이 낫게 해달라고, 직장인은 승진하게 해달라고, 자식이 좋은 대학에 가게 해달라고, 좋은 직장에 취직되게 해달라고, 처녀 총각은 좋은 짝을 만나게 해달라고, 가정이 화목하고 행복하게 해달라고, 소원도 사람 수만큼이나 많을 것이다.
　사람들이 이처럼 새해 첫날 해맞이하겠다고 바다로 몰려들기 시작한 것은 새천년이 시작되는 2000년 1월 1일부터다. 물론 그전에도 매년 1월 1일 해맞이 하는 사람들이 없었던 것은 아니다. 그전에는 각자 가고 싶은 곳에 찾아가 조용히 소망을 빌었고, 지금처럼 요란스럽지는 않았다.

2000년 1월 1일에는 새천년에 대한 기대와 소망으로 설레는 가슴을 안고 새천년이 시작되는 첫 일출을 보기 위해 수많은 사람이 동해안으로 몰렸다.

마치 새천년이 시작되는 첫 일출을 보지 않으면 21세기를 살아갈 수 없다고 생각하는 것인지 전국의 도로는 일출 행렬로 길이 막혔다.

이처럼 한꺼번에 많은 사람이 몰려오자 질서유지를 위해 지방자치단체 공무원은 물론 경찰, 소방대원까지 총동원되어 전날 저녁부터 일출명소에 나가 밤새 떨었다.

이때부터 매년 1월 1일 일출 명소에서는 다양한 해맞이 행사도 함께 열렸다.

나는 일출명소 가까이 살면서도 그곳에 갈 수가 없다. 건강이 좋지 않아 매서운 추위 속에서 일출을 본다면 아마 그 이후의 일출은 영영 못 볼지도 모르기 때문이다. 그래도 나는 일출을 볼 수 있다. 그리고 볼 것이다. 아주 편하게 추위 걱정 없이 볼 것이다.

무슨 소리냐고?

바닷가에 가지도 않고, 높은 산에 오르지도 않고 어떻게 보느냐고?

그래도 볼 수 있다. 다행히 우리 집은 바다가 보이는 곳에 있고, 해가 뜨는 것도 보인다. 가장 좋은 일출 명소다.

우리 집은 바다 가까이에 있어 마음만 먹으면 매일 아침 바다에서 떠오르는 해를 볼 수 있다. 같은 해지만 뜨는 모습은 매일 다르다. 우선 뜨는 위치가 매일 조금씩 다르고, 또 날씨에 따라 뜨는 모습도 다르다. 맑은 날, 구름이 낀 날, 구름의 두께, 구름의 양에 따라 태양 주변의 모습이 다르다.

2024년 1월 1일.

올해는 태양이 수줍은 열아홉 순정 아가씨인지 얼굴 내밀기 부끄러워 구름 뒤에 꼭꼭 숨었다. 수많은 사람이 지켜보고 있으니 많이 부끄러운가 보다. 태양이 구름에 가려 보이지 않을 뿐이지 떠오르지 않는 것은 아니다. 정확히 제시간에 떠올랐을 것이다.

바다를 붉게 물들이며 장엄하게 솟아오르는 새해 첫 일출을 보기 위해 먼 길을 달려온 사람들에게 실망과 아쉬움을 안겨준 날씨지만, 태양은 제시간에 어김없이 떠올랐을 것이다.

구름에 가려 태양을 직접 볼 수는 없으나 일출시각에 맞춰 구름 뒤의 태양을 향해 모두 두 손 모아 올 한해의 소원을 빌었을 것이다.

올해의 바닷가는 조용했을 것이다. 붉고 장엄하게 떠오르는 태양을 볼 수 없으니 감탄과 환호성은 없었을 것이다. 그러나 구름 속의 태양을 조용히 바라보며 더 많은 소원을 빌었을 것이다.

날씨가 흐려 붉은 태양은 보지 못했으나 밤 기온이 영상이어서 소원을 비는데 추위로 인한 어려움은 없었을 듯하다.

모두들 소원성취하소서!

구름에 가려 태양이 보이지 않게 한 것은 구름 뒤에 떠오르는 태양을 상상해 보라는 뜻일 것이다. 무엇이든 너무 선명하게 보이면 상상을 할 수 없다. 있는 것은 분명한데 보이지 않으면 어떤 모습일까 하고 상상을 하게 된다. 사람마다 다르게.

나는 보이지 않는 태양을 보며 이렇게 생각했다.

날씨가 맑아 붉고 둥근 해가 뜨면 모든 사람이 같은 모양의 일출을 보지만, 구름 속에 가려진 해는 각자 다른 모양으로 보았을 것이다. 각자의 상상으로 보았기 때문에. 태양이 뜨는 곳을 바라보는 사람 수만큼 여러 모양의 태양이 떠올랐을 것이다.

2024년 1월 1일. 보이지 않는 새해 첫 일출을 보며…….

꽃피는 소한

　인간의 멈출 줄 모르는 욕심으로 지구가 몸살을 앓고 있다. 열이 심하면서도 몸은 떨고 있다. 뼈마디가 녹아내리는 것처럼 쑤시고 아프다. 속이 울렁거리고 토할 것 같다. 곳곳을 파헤치고, 허물고, 땅속에 있는 것을 끄집어내니 어찌 온전할 수 있겠나. 땅속에서 끄집어낸 석유, 석탄, 가스를 태우면서 발생하는 이산화탄소와 무분별한 벌목, 산림 훼손, 공장, 자동차, 항공기, 선박 등에서 배출되는 이산화탄소는 지구 온난화의 주범이 되어 이상기후를 만들어낸다.

　인간이 지구를 열 받게 하고 있다.

　지구 온난화로 빙하가 녹아내리고, 해수 온도가 높아져 바다 생태계가 변하고, 지구 곳곳에서 기상이변이 발생하고 있다.

　못 먹고 못 살던 시절에는 공장 굴뚝이 많을수록, 그 굴뚝에서 검은 연기가 많이 날수록 좋아했다. 그것은 발전의 상징이며, 번영의 상징이고, 잘 살 수 있다는 희망과 행복의 상징이었다. 그런데 지금은 환경오염과 지구 온난화의 주범이 되고 있다.

　인간은 자연을 떠나서는 살 수 없다. 인간이 살아가기 위해서는 소중한 자연을 내 몸같이 아끼고 보살펴야 한다. 자연이 건강해야 사람도 건강하게 살 수 있다. 눈앞의 이익만 추구하고 욕심을 부리면 결국 인간이 살 수 없는 지경에 이르게 된다. 자연의 질서가 깨어지면 인간의 삶도 깨어진다.

　2024년 1월 6일.
　겨울 중에서도 가장 춥다는 소한이다. 대한이 소한 집에 놀러 왔다가 얼어 죽었다는 이야기도 있고, 소한 추위는 꿔서라도 한다는 말이 있다. 이것은 모두 소한이 그만큼 춥다는 말이다.
　지난 12월 하순부터 따뜻해진 날씨가 열흘이 넘도록 영상의 기온을 유지하고 있다. 한창 추워야 할 시기에 10여 일 이상 영상의 기온이 이어지더니 연중 가장 춥다는 소한에 꽃이 피었다. 아파트 울타리에 심어놓은 개나리가 연일 이어지는 따뜻한 날씨에 봄으로 착각했는지 노란 꽃을 병아리 주둥이처럼 내밀고 있다. 한두 송이가 아니다. 멀리서도 보일 정도로 많이 피었다.

꽃피는 소한을 보니 추위에 떨던 어린 시절의 겨울 모습이 떠올랐다. 당시에는 겨우내 산과 들은 하얀 눈에 덮여 있었고, 개울은 얼음을 안고 꽁꽁거렸다. 방안에 떠놓은 자리끼가 얼고, 숨을 쉬면 코와 입에서 연기 같은 김이 솔솔 피어올랐다.

우리나라 겨울 날씨는 삼한사온인데, 이제는 이러한 자연규칙도 깨어졌다.

꽃피는 소한.

이는 분명히 정상이 아니다. 예전에는 없었던 일이고, 상상도 못할 일이다. 추울 때는 추워야 하고, 더울 때는 더워야 하고, 꽃필 시기에 꽃이 피어야 한다. 자연의 질서, 계절의 질서가 무너지고 있다.

날씨가 따뜻하면 사람들이 활동하기는 좋다. 또 난방비도 덜 들어 경제적인 도움도 된다. 그러나 그것은 일시적인 이득일 뿐, 장기적으로는 큰 재앙이 올 수도 있다는 경고이기도 하다.

2월 들어서는 아침 최저 기온이 5도에서 9도이고, 낮 최고 기온은 10도에서 20도까지 올라가니 식물과 겨울잠 자던 동물이 혼동할 수밖에 없다.

2월 14일 앞산에 진달래와 동백이 꽃망울을 터뜨렸다. 3월에 피는 꽃들인데.

지구 온난화라 하여 항상 따뜻하고 온화한 날씨만 이어지는 것도 아니다. 언제 어떻게 돌변할지 모른다. 지구 곳곳에서 가품, 폭우, 폭염, 폭설, 혹한, 대형 산불 등 기상이변이 일어나고 있다. 그뿐만 아니라 이상기후로 무서운 질병이 올 수도 있다.

지난해 봄에도 높은 기온이 계속되면서 벚꽃이 평년보다 열흘 일찍 피었다.

봄이 되면 많은 지방자치단체가 앞다투어 벚꽃과 관련한 축제를 연다. 영동지방의 경우 지금까지 통상 매년 4월 5일에서 10일 사이에 개최되었다. 이 시기가 벚꽃 만개 시기이기 때문이다. 그런데 2023년에는 3월 20일에 이미 개화가 시작되어 3월 25일에 절정을 이루었다. 예년의 개화 시기만 믿고 4월 7일로 계획을 세웠던 지자체에서는 날짜를 3월 31일로 앞당기기는 했으나 절정 시기는 이미 지나버렸다. 그중에 늦게 핀 꽃송이만 축제장을 찾은 사람들을 맞이했다.

날짜를 앞당기지 않고 애초 계획대로 했다면 벚꽃 축제가 꽃이 없는 벚나무 축제가 될 뻔했다.

요즘의 기상은 예측하기 어렵다. 언제 어떤 기상이변이 일어날지 모른다. 지구의 한쪽에서는 혹한이, 다른 한쪽에서는 폭염이, 또 어느 지역에서는 가뭄이, 어느 지역에서는 홍수가 발생하고 있다.

지구의 몸살이 심해지면 머지않아 한겨울에 꽃이 피고 한여름에 눈이 올지도 모른다. 겨울에 복사꽃이 핀다고 세상이 무릉도원이 되는 것도 아니고, 여름에 눈이 내리는 것을 낭만적이라고 좋아할 일도 아니다. 이는 지구의 큰 재앙을 예고하는 전조일 뿐이다.

자연의 입장에서 보면 인간은 자연의 적이다. 자연을 파괴하면서 풍요를 누리는 이기적인 존재다. 지구를 파괴해가며 얻은 것으로도 부족해 더 파괴할 것을 찾아 우주로 나섰다.

근대화니, 산업화니, 개발이니 하는 것은 모두 자연을 파괴하는 말이다. 자연을 파괴하고 쓰레기를 생산하는 생명체는 인간밖에 없다.

세계 각국이 지구 온난화의 주범인 온실가스 배출 감축 시책을 추진하고 있지만 쉽지만은 않다.

이 문제는 몇몇 사람 또는 몇몇 나라만 지켜서 될 사항이 아니다. 이 지구 상에 발붙이고 사는 사람 모두가 나서야 한다.

환경오염은 일부 지역이나 일부 국가의 문제가 아니라 전 지구적인 문제다. 지구를 파헤치는 것을 중단하고 쓰레기 생산을 줄여야 한다.

본인은 죽어도 자기의 유전자는 끝없이 이어진다. 그것은 바로 제2, 제3의 자신이다. 그러니 내 당대만 큰일이 나지 않으면 그만이라는 이기적이고 무책임한 생각을 버리고 지금이라도 자연을 보호하는데 모두가 앞장서야 한다.

봄 마중

2025년 2월 3일.

오늘은 봄이 시작된다는 입춘이다.

입춘 날에는 봄이 시작되었으니 크게 길하고 경사가 많이 생기기를 기원하는 의미에서 「입춘대길立春大吉」「건양다경建陽多慶」이라는 글자를 큼지막하게 써서 대문이나 기둥, 들보에 붙인다. 봄이 오는 것을 축하하면서 동시에 나쁜 기운을 몰아내기 위한 일종의 부적이기도 하다.

남쪽으로 기울었던 일출 위치와 일몰 위치가 눈에 띄게 북쪽으로 올라와 있다. 태양은 남쪽의 따뜻한 기운을 품고 조금씩 힘겹게 올라오고 있다. 겨울은 물러가기 싫은 듯 찬바람을 보내 봄의 앞길을 가로막고 있다.

2월은 겨울과 봄이 세력다툼을 하는 달이다.

입춘이라 하지만 아직은 비 올 확률보다 눈 올 확률이 더 높은 추운 날씨다. 앞으로 한 달간은 봄과 겨울이 공존하며 눈과 비가 서로 엎치락뒤치락 세력다툼을 할 것이다.

따라서 사람들의 옷차림도 몇 차례 바뀌고 마음도 얼었다 녹았다 할 것이다.

아이가 한 번 앓고 나면 조금씩 성장하듯, 봄을 시샘하는 꽃샘추위가 한 번씩 왔다 가고 나면 봄기운은 점점 짙어갈 것이다.

입춘은 가는 겨울과 오는 봄이 서로 교차하는 지점이다.

저 앞산에서 봄이 오는 소리가 들리고 봄의 냄새가 나는 것도 같다.

나는 찬바람이 조금만 스쳐도 콧물이 흐르고 감기 몸살기가 있어, 겨울 동안 바깥에 나가지 못하고 지렁이나 굼벵이처럼 방안에서만 꿈틀거렸다.

봄의 시작을 알리는 입춘을 맞아 가는 겨울을 배웅하고 오는 봄을 마중해야겠다.

입춘 날 나는 봄을 찾아 나섰다.

추위 속에서도 봄을 알리는 무언가가 있을 것이라는 생각이 들어 집 앞에 있는 야트막한 산으로 들어갔다. 저 멀리에서 오는 봄을 마중하기 위하여…….

입춘이라고는 하지만 아직 산에는 눈이 있고 계곡에는 얼음이 버티고 있다. 밤 기온은 아직 영하에 머무르고 있다. 찬바람이 얼굴을 할퀴고 옷깃을 파고든다. 봄을 피부로 느낄 정도의 따스한 날씨는 아니다. 절기상 봄의 시작일 뿐 현실은 겨울에 더 가깝다.

입춘 전날인 어제나 입춘인 오늘이나 날씨는 달라진 게 없는데, 기분은 금방이라도 나뭇가지에서 꽃이 피고 새잎이 터져 나올 것만 같다.

벌써 사람들의 옷차림과 얼굴 표정이 달라졌다. 옷이 가벼워지니 마음도 가벼워졌는지 사람들의 발걸음도 가벼워 보인다. 겨우내 웅크렸던 어깨도 펴진 것 같다.

입춘이 되니 새소리가 달라지고, 바람 소리도 달라졌다.

봄기운을 느낀 새들이 맑고 생기 넘치는 목소리로 자고 있는 나무를 깨우고 있다.

나는 봄이 오는 소리를 듣고 싶어 나무에 귀를 댔다. 아무 소리도 들리지 않는다. 눈을 감고 다시 귀를 댔다. 마음의 귀로 듣기 위해서다. 소리가 난다. 나뭇가지에 물오르는 소리가 난다. 사람의 몸에 피가 돌듯이 나무 밑동에서 가지 끝까지 물이 오르내리는 소리가 들린다.

나는 마치 동면하던 개구리가 잠에서 깨어나 물속에 쌓인 낙엽을 헤집고 다니듯 마른 풀을 헤치고 들여다보기도 하고 나뭇가지를 쳐다보기도 하며 봄의 흔적을 찾아보았다.

나무꼬챙이로 흙을 파보았다. 흙 속에는 땅 기운을 잔뜩 머금은 여린 싹이 금방이라도 흙을 뚫고 나올 것 같은 모습으로 나를 쳐다봤다. 그러나 말라비틀어진 묵은 풀잎을 헤집고 파릇파릇한 새잎이 나오려면 아직 좀 더 기다려야 할 것 같다. 나는 봄 냄새를 맡아보려고 허리를 숙여 머리를 땅 가까이 대고 코 평수를 최대로 넓혀 킁킁거리며 냄새를 맡았다.

흙냄새가 조금 달라진 것 같기도 하고 아닌 것 같기도 하다. 내 후각으로는 판단하기 어려워 고개를 갸웃거리고 있는데, 한 줄기 바람이 귀를 쓰다듬듯 지나가며 아직은 이르다고 속삭였다.

양지바른 잔디밭에 앉아 눈을 감고 마음의 눈으로 봄이 오는 모습을 보고 마음의 귀로 봄이 오는 소리를 듣는다.

봄은 지금 어디까지 왔는가?
대한민국 최남단인 마라도일까?

입춘을 맞아 봄꽃을 앞세우고 출발했을 것이다. 여기까지 오려면 많은 시일이 걸리겠지. 바다를 건너고 한라산을 넘어 다시 바다를 건너 남해안에 도착해 꽃 잔치를 벌인 다음 서둘러 북상할 것이다.

사람은 비행기, 고속도로, 고속철도, 쾌속선이 있어 빠른 속도로 이동할 수 있지만, 따스한 봄바람은 비행기를 타고 훌쩍 날아오지 않는다. 오는 길에 바닷물을 어루만지고, 육지에 올라 나무와 풀, 동물까지 어루만지며 올라온다. 계절은 언제나 제 속도를 지키고 제 때를 지키며 나아간다.

밭에는 겨울을 이겨낸 농작물들의 기지개 켜는 소리와 환희의 소리가 들리는 것 같다.

월동추, 마늘, 양파. 보리의 함성이…….

봄 마중을 나간 것은, 어쩌면 죽은 듯 메마르고 앙상하던 나무에서 새잎이 돋고 꽃이 피듯이, 겨울 같은 내 몸도 꽃이 피듯 건강이 좋아지기를 바라는 소망 때문이었는지도 모른다.

꼬챙이로 헤쳐 놓은 흙 속에 파란 내 마음을 심어놓았다.

열 받지 마세요

나무가 고요하고자 하나 바람이 가만두지 않는다.

사회생활에는 많은 바람이 불고 있다. 미풍도 있고, 순풍도 있고, 강풍도 있고, 돌풍도 있다. 사람이 살아가면서 바람을 완전히 피할 수는 없다. 쓰러지지 않으려면 수시로 불어대는 강풍과 돌풍을 슬기롭게 견뎌내는 지혜가 필요하다. 그 바람으로 인해 열 받을 일도 많다. 직장 생활을 하든 개인 사업을 하든 항상 즐거운 일만 있는 것은 아니다.

직장은 즐거움보다 부담감이 더 큰 곳이다.

일로 인한 스트레스는 물론 대인 관계로 인한 스트레스도 만만찮다. 끝없는 일로 피로가 쌓이고, 직장 상사로부터 받는 스트레스가 겹쳐 몸과 마음이 지친다. 스트레스가 쌓이고 쌓이면 분노가 된다. 스트레스와 분노는 병이 되기 전에 털어내야 한다.

화가 난다고 그 사람 면전에서 화를 내던 걷잡을 수 없는 사태로 비화할 수도 있다. 그렇다고 마냥 참고만 있으면 화병이 생겨 몸과 마음이 모두 망가질 수 있다.

스트레스와 분노로 생긴 화병은 약으로 고치기 힘든 마음의 병이다.

약보다 더 좋은 방법은 가슴속에 쌓인 원망, 미움, 분노를 풀어주어야 한다. 가장 좋은 방법은 그 원인이 되는 장소를 떠나 아무에게도 간섭을 받지 않는 곳에 가서 자기가 하고 싶은 일을 하면서 사는 것이다. 그러나 누구나 그렇게 살 수는 없다. 한 가족을 먹여 살려야 하므로 어쩔 수 없이 부대끼며 참고 견디게 된다.

스트레스와 분노는 자기 자신이 털어내야 한다. 그 누구도 해결해 줄 수 없는 것이다. 아무리 친한 친구라도 들어주고 위로해 주는 것 밖에는 방법이 없다.

스트레스는 업무적인 것도 있지만 대부분 대인관계에서 온다. 스트레스로 인한 분노를 해소하는 데에는 여러 가지 방법이 있지만 그중에 가장 간단하고 효과가 큰 것은 편지를 쓰는 것이다. 가슴속에 상사나 동료에 대한 분노가 가득 차 있을 때, 가장 쉬우면서 효과가 큰 것은 그들에게 하고 싶은 말을 다 쏟아내는 것이다. 그러나 당사자의 면전에서 직접 하거나, 다른 사람이 듣는 데서 하면 더 큰 문제가 발생할 수 있다.

아무도 보는 사람 없고 듣는 사람 없는 자기 방에서 그들에게 편지를 쓴다. 물론 이 편지는 평소에 쓰는 편지와는 다른 편지다. 안부 편지도 아니고 상대방에게 전달할 편지도 아니다. 내 가슴 속에 있는 분노를 쏟아내기 위한 편지다. 따라서 그들에 대한 분노가 최고조에 달했을 때 쓰는 것이 효과적이다.

자, 그럼 편지를 써 볼까요.

편지를 쓰기 전에 먼저 그 사람의 이름을 쓰세요.

그 편지는 당사자에게 전달할 것이 아니고 내 마음속에 있는 분노를 쏟아내기 위한 것이기 때문에 이것 저것 생각할 필요가 없습니다. 욕을 하고 싶으면 하고 싶은 욕을 다 쓰세요. 예의도 갖추지 말고, 문맥에 신경 쓰지도 말고, 생각을 정리하지도 말고, 중간에 멈추지도 말고, 가슴속에 있는 분노를 다 쏟아내세요.

가슴 속에 쌓인 분노를 편지지에 다 쏟아놓고 나면 속이 후련한 느낌이 들고 어느 정도 분노가 가라앉을 것입니다. 그래도 분노의 찌꺼기가 남아 있다면 분노가 완전히 누그러질 때까지 계속 쓰세요. 종이에 분노를 모두 털어내면 본인도 놀랄 만큼 마음이 후련하고 편안해질 것입니다.

그러나 이것은 임시처방으로 근본적인 해결방법은 아니다.

여기서 마음이 다소 안정되었다고 해서 모두 끝난 것이 아니다. 정말 중요한 것은 지금부터다. 대중 속에서 자신을 잘 다스리며 살아가는 방법을 터득해야 한다.

근본적인 해결책은 나 자신이 바뀌어야 한다.

사람마다 보는 관점이 다르고 생각이 다르고 추구하는 목표가 다르다. 따라서 서로가 그 다름을 이해하고 인정하지 않으면 충돌이 생기고 갈등이 생긴다. 인간관계에서 갈등이 생기는 것은 서로 다름을 인정하지 않고, 내 생각이 맞고 상대의 생각이 틀렸다며 자신의 마음을 닫아버리기 때문이다.

내 입맛에 맞게 상대를 바꾸려고 해봐야 상대는 바뀌지 않고 갈등만 깊어진다. 원만하게 살아가려면 내가 바뀌어야 한다.

상대방의 처지에서 생각하고 이해하는 마음을 가지고 「그럴 수도 있음」을 인정하고 받아들이는 마음이 가장 중요하다. 같은 사안이라도 내가 어떻게 생각하고 어떤 마음을 갖느냐에 따라 결과가 달라진다.

상대방의 말을 너무 예민하게 받아들이고 열 받을 필요는 없다. 열 받으면 자기만 손해다. 화는 낼수록 커진다. 그 직장을 그만둘 것이 아니라면 기분 나쁘고 자존심 상하는 말을 듣더라도 가슴 속에 담아두지 말고 빨리 잊어버리는 마음이 필요하다.

미워하는 마음을 버려야 한다. 남을 미워하면 그 사람이 미워지는 게 아니라 내 마음이 미워지고 괴로워진다.

사람들은 누가 자기에게 욕을 하거나 기분 나쁜 말을 하면 그것을 가슴에 묻어두고 계속 되새긴다. 그러한 말은 그 사람이 나에게 오물을 던지는 것과 같다. 그러니 그 더러운 오물을 받아 가슴 속에 담아둘 필요가 없다. 아예 받지 말든가 무심코 받았다면 얼른 버려야 한다. 버리지 않고 주는 대로 받아 가슴에 쌓아 놓으면 나만 상처받고 내 마음만 더러워진다. 그러니 오물을 움켜쥐고 괴로워하지 마세요.

물은 흘러가다 바위를 만나면 바위와 다투지 않고 돌아간다.

세상을 살아가려면 현실과 타협하지 않을 수 없다. 현실은 뛰어넘을 수 없는 현실이다. 현실을 현실로 받아들이고 자신의 마음을 다스리는 노력을 해야 한다. 그들이 나의 마음을 갈고 닦는 숫돌이라 생각하면 한결 마음이 편하다.

고집이 세면 살기가 어렵다. 매사를 긍정적이고 적극적으로 생각하고 받아들이는 마음의 여유가 중요하다.

이 풍진 세상을 살아가려면 때로는 개처럼 꼬리를 흔들 줄도 알아야 하고, 파리처럼 앞발 뒷발을 비빌 줄도 알아야 한다. 지나치면 아부가 되고 꼴불견이 되지만 적당한 것은 삶의 지혜다.

피를 나눈 가족도 서로 생각이 다르고 의견이 맞지 않아 다투고 열 받을 때가 있는데, 남남들이 모인 직장이나 단체의 구성원이 모두 내 생각과 같고 나를 알아주기를 바랄 수는 없다.

모든 것을 상사와 동료의 탓으로만 돌리기 전에 나의 성격과 태도에는 문제가 없는지 살펴볼 필요가 있다.

마음을 둥글게 가져야 한다. 마음이 모가 나면 반드시 그 모서리가 누구에겐가 부딪히게 되고, 부딪히면 서로에게 상처를 주게 된다.

업무에 대해서도 적극적이고 능동적으로 처리하여 업무처리 능력이 향상되면 상사도 달리 보게 된다.

괴로운 직장을 즐거운 직장으로 만드는 것은 본인의 마음에 달려 있다.

내가 다니고 있는 직장이 단순히 생계를 위한 수단이 아니라 바로 내 삶이라고 생각하면 훨씬 즐거운 직장생활이 될 것이다.

방생

모든 생명체는 본능적으로 살려고 하고, 또 살아야 한다. 생명체는 하나하나가 다 귀중한 것이다.

그러한 생명체가 생명이 위태로운 상황에 부닥쳤을 때, 그 목숨을 구해주는 것은 어떠한 행위보다 아름답고 복을 짓는 것이다.

위험에 처한 생명, 즉 죽어가는 생명을 구해주는 것을 방생이라고 하며, 이는 그 어떤 선행보다 값진 것이다. 생명은 한번 끊어지면 같은 생명은 다시없다. 그래서 더욱 소중한 것이다. 자기가 구할 수 있는 생명이라면 망설이지 말고 구해야 한다. 그 공덕은 결국 자신에게 돌아온다. 자기 주변에 위기에 처한 생명은 없는지 한 번쯤 살펴보는 마음이 필요하다.

사람들이 방생한답시고 자유롭게 잘살고 있는 생명을 잡아 가두어 두었다가 특정한 날에 놓아주고는 좋은 일을 했다고, 선업을 쌓았다고, 복 받을 거로 생각한다.

그러나 과연 그런 식의 방생이 선업이고 복 받을 일인지 다시 한 번 생각해 볼 일이다.

한때는 멀쩡히 잘살고 있는 자라를 잡아서 사람들에게 팔기도 했다. 커다란 고무 함지박에 자라를 가득 잡아넣고 「방생용 자라 팜」이라고 크게 써 붙여놓고 팔았다. 이런 방생은 복을 짓는 것이 아니라 죄를 짓는 것이다.

파는 사람이나 사는 사람이나 모두 같은 공범자다. 사는 사람이 있으니 잡아 파는 사람이 있는 것이다. 사지 않으면 잡아 팔지도 않을 것이다.

진정한 방생이란 죽을 처지에 놓여 있는 동물을 살려내는 것이다. 예를 들면, 깊은 구덩이에 빠져 스스로 나오지 못하는 동물을 구하여 주거나, 육지동물이 물에 빠져 제힘으로 나오지 못하고 죽어갈 때, 그것을 건져내어 살 수 있도록 놓아주는 것이 참 방생이며 선업을 쌓는 것이다.

죽을 상황에 놓인 생명을 구해주는 것은 흥부의 방생이고, 멀쩡히 잘살고 있는 생명을 잡아 방생용으로 파는 것은 놀부의 방생이다.

방생, 참 좋은 말이다.

모든 사람이 실천한다면 세상에는 살인 사건도 없을 것이고, 전쟁도 일어나지 않을 것이다. 방생은 반드시 동물에게만

적용되는 것이 아니라 사람에게도 똑같이 적용된다.

나는 어린 시절에 방생과는 상반되는 짓을 많이 했다. 많은 생명을 괴롭혔다. 초등학교 시절이었다. 봄만 되면 새 둥지를 찾아 산과 들을 헤매며 알과 새끼를 꺼내왔다. 새끼는 키우기 위해 잡아오고 알은 부화시키기 위해 가져왔다. 알을 부화시키겠다고 아랫목에 이불을 덮어 놓고 아무리 기다려도 부화한 것은 한 마리도 없었다. 새끼는 어미가 되도록 키운 것도 있었고 얼마 못 가 죽는 일도 있었다.

토끼, 다람쥐, 비둘기, 매도 키웠다. 매와 비둘기는 다른 새들에 비해 키우기가 쉬웠다. 먹이도 잘 받아먹고 아무 탈 없이 무럭무럭 잘 컸다. 스스로 살아갈 만큼 크면 모두 자연으로 되돌려 보냈다.

새 알이나 새끼를 꺼내오면 어미 새가 돌려달라고 비명을 지르며 따라온다. 어미 새가 따라오면서 새끼를 돌려달라고 애원해도 못 들은 체하고 가져왔다. 어미 새는 얼마만큼 따라오다 포기하고 돌아선다. 그때는 애타게 소리치며 따라오는 어미 새의 심정을 헤아리지 못했다.

세월이 흘러 나이를 먹고 보니 그 당시 어미 새의 애타는 심정을 알 수 있을 것 같다.

방생은 죽을 처지에 놓여 있는 생명을 구해주는 것인데, 나는 멀쩡히 잘살고 있는 생명을 괴롭히고 죽였으니 지금 생각하면 내 손에 죽은 생명체들에게 몹쓸 짓을 한 것이 너무 미안하다.

  가장 잔인한 짓은 개구리를 잡아 내장이 어떻게 생겼는지 보기 위해 칼로 배를 갈라 내장을 들어낸 것이다. 딴에는 해부하여 내장의 모양을 본다고 한 짓이었다. 심장을 들어냈는데도 한참 동안 뛰고 있었다. 뿐만 아니라 개구리를 잡아 전기고문도 했다. 개구리를 자전거 손잡이에 묶어 놓고 발전기를 돌려 발전기에 연결된 전선 끝을 개구리 몸에 대면 축 늘어져 있던 개구리가 벌떡 일어나는 것을 보고 재미있다고 낄낄거렸다. 개구리의 고통은 아랑곳하지 않고…….

  철모르던 시절 호기심에서 한 일이기는 하지만 내 손에 괴롭힘을 당하고 죽은 생명의 두려움과 고통은 얼마나 컸을까!

  조금 더 커서는 뱀에게도 몹쓸 짓을 했다. 굳이 핑계를 대자면 먹고 살기 위해서였다. 당시에는 뱀이 몸에 좋다고 알려져 찾는 사람이 많아 값도 비싼 편이었다. 그래서 생계에 보태기 위해 뱀을 잡아 뱀탕집에 팔았다.

  그러던 어느 날, 산을 몇 시간 돌아다녔는데도 독사 한 마리밖에 못 잡았다. 나중에 몇 마리 더 잡아 함께 팔기 위해 자루에 넣어 창고에 두었다. 며칠 후 뱀이 살았는지 죽었는지 확인하려고 자루를 들여다보니 다섯 마리가 꼬물거리고 있었다. 뱀이 새끼를 네 마리나 낳은 것이었다.

어떤 동물의 새끼든 새끼는 보호해 주어야 한다. 그래서 산에다 놓아주기로 했다. 집 가까이에 있는 산에 놓아주어도 되지만, 나는 어미가 살고 있던 깊은 산 속까지 두 시간 가까이 걸어가서 잡은 자리에다 어미와 함께 놓아주었다. 다른 곳에 놓아주는 것보다 살아오던 곳에 놓아주는 것이 뱀에게 더 좋을 것 같아서.

뱀은 놓아주어도 바로 달아나지 않고 한동안 나를 쳐다보다가 천천히 바위 속으로 들어갔다.

뱀은 어미가 직접 새끼에게 먹이를 주며 키우거나 보호하지 않는다. 뱃속에서 나오면 바로 독립하여 혼자 살아간다. 따라서 새끼만 놓아주어도 살아가는 데 문제가 없다. 그러나 나는 어미까지 모두 제자리에 놓아주었다.

뱀 어미와 새끼를 산에 놓아 주고 나서 뱀을 잡아 파는 일도 그만두었다. 새끼 뱀이 나의 살생행위를 멈추게 했다.

지금은 그때의 내 죄에 대해 속죄하는 마음에서 어떠한 생명체도 죽이지 않는다. 길을 걸을 때도 벌레가 지나가면 밟히지 않게 주의를 기울인다.

풀꽃

　길옆에 핀 여리고 작은 풀꽃이 부끄러운 듯 얼굴을 붉히며 수줍은 미소를 짓고 있다. 나는 풀꽃이 다칠세라 비눗방울 만지듯 조심스럽게 쓰다듬었다. 무심코 지나가면 눈에 띄지 않는 아주 작은 풀꽃도 자세히 들여다보면 그 생김새와 빛깔이 신비롭고 절묘함을 발견할 수 있다.
　풀꽃은 홀로 있어도 아름답다. 아니, 홀로 있어서 더 아름다운지도 모른다.
　나무에 피는 꽃은 그 엄청난 숫자 때문에 아름답게 보이고 황홀하게 보여 사람들의 눈과 마음을 사로잡는다. 나무에 핀 꽃은 수많은 꽃송이의 향연에 감탄한다. 만약 벚꽃이 한 가지에 한 송이씩 핀다면 어떨까? 아무도 찾지 않을 것이다.

　나는 풀꽃을 좋아한다.
　물론 이 말은 나무에 핀 꽃을 싫어한다는 뜻은 아니다. 나무에 피는 꽃이든 풀에서 핀 꽃이든 꽃은 다 아름답다. 꽃 중에서도 나무에 핀 꽃 보다는 사람의 발길이 잘 닿지 않고 찾아주는 이도 없는 곳에서 외로이 피어 있는 풀꽃의 아름다움을 더 좋아한다는 것이다.

나무에 피는 꽃은 모양과 크기가 거의 비슷하다. 그러나 풀꽃은 모양과 크기, 색깔이 모두 다른, 자기만의 개성을 가지고 있다. 동물 모양을 닮은 신기한 풀꽃도 많다.

우리 주변에서 사람의 보살핌과 사랑을 받고 있는 튤립, 카네이션, 백합, 수선화도 풀꽃이다.

사람들의 손길과 발길, 눈길이 닿지 않는 곳에서 수줍게 피어 있는 야생화도 이들 못지않게 아름다움을 간직하고 있다. 아니 더 아름다운 꽃도 많다.

아침 이슬을 머금은 풀꽃은 청초하고 요염하다.

나는 풀꽃을 좋아하면서도 꽃 이름을 아는 게 많지 않다. 내가 무지하여 풀꽃들에게 하나하나 이름을 불러주지 못해 미안한 감이 든다. 이름을 알고 불러주면 더 친근감이 가고 꽃에 대한 예의겠지만 몰라도 아름다움을 느끼고 감상하는 데는 문제가 없다. 좋아하는데 이름까지 따질 필요는 없다고 본다.

이름이라는 것은 사람들이 사물을 구분하기 위해서 붙여놓은 사회적 약속에 불과하다. 그 꽃이 처음 지구 상에 나올 때 가지고 나온 것은 아니다. 이름이 개똥이면 어떻고 쇠똥이면 어떤가? 정작 꽃 자신은 사람이 붙여놓은 이름이 자기 이름이라는 것을 모르고 있다.

풀꽃은 눈을 크게 뜨고 허리를 숙여 자세히 들여다보아야 겨우 보이는 아주 작은 꽃에서부터 사람의 얼굴만큼이나 크고 특별한 모양과 색깔을 가지고 있는 것도 있어 보면 볼수록 신기하고 감탄스럽다.

꽃을 사랑하는 사진작가는 사람들의 발길이 닿지 않는 곳에 외로이, 그러나 아름답고 고상하게 피어 있는 풀꽃을 찾아 정성껏 카메라에 담는다. 풀꽃은 사진작가의 사랑에 미소를 띠며 모델이 되어준다.

나무에 피는 꽃은 수많은 꽃송이가 한꺼번에 피어나 사람들의 눈길과 발길을 끌다가 비바람이 지나고 나면 한꺼번에 추한 모습으로 바닥에 널브러진다.

풀꽃은 모진 비바람에도 잘 꺾이지 않는다. 풀꽃은 겸손하다. 바람이 지나가면 허리를 숙여 길을 내어준다.

따라서 풀꽃은 같은 비바람을 맞고도 떨어지지 않고 아름다운 모습을 그대로 유지하고 있다.

깊은 산 속 바위틈과 덤불 속에 가냘프게 피어난 이름 모를 풀꽃은 아무도 찾아주지 않고 아무도 관심 가져주지 않아도 외롭거나 쓸쓸해 보이지 않는다.

홀로 있어도 스스로 웃고 있으니까.

전원생활

어린 시절 나에게는 세 가지 소망이 있었다.

그 세 가지는 소고깃국에 쌀밥 먹는 것, 좋은 직장에 다니며 일요일마다 가족과 함께 나들이 가는 것, 비가 새지 않는 반듯한 집을 짓고 집 주변에 과일나무를 심어 가꾸며 과일을 실컷 먹어보는 것이었다.

요즘 사람들이 생각하기에는 별 소망이 아닐지 모르지만, 당시 나의 처지에서는 가장 절실한 소망이었다.

나는 금수저도 은수저도 흙수저도 못 든 빈손으로 가난한 농부의 아들로 태어났다. 남의 수저로 겨우 목구멍에 거미줄 치는 것을 면했다. 농사를 지으니 농부라고 칭하기는 하나 우리 땅은 한 평도 없는 소작 농부였다. 집도 없었다. 땅 주인 소유인 아주 작은 초가집에서 살았다. 집은 관리를 제대로 하지 않아 지붕이 썩어 비만 오면 굼벵이 똥 썩은 물이 온 방 안에 떨어져 방바닥은 마치 간장을 쏟아 놓은 것 같았다.

먹을 것이 없어 봄에는 땅에서 나는 것이든 나뭇가지에서 피는 것이든 사람이 먹을 수 있는 것은 모두 캐 먹고, 뜯어 먹었다. 또 가을에는 도토리를 주워 일 년의 3분의 1은 도토리를 먹고 살았다. 사람들은 보리가 익기 전인 봄을 보릿고개라고 한다. 그러나 우리는 일 년이 모두 보릿고개였다. 내 땅이 없으니 보리가 익어도 먹을 것이 넉넉하지가 않았다. 항상 허기를 안고 살았다.

내가 꿈을 갖게 된 것은 초등학교 3학년 때였다.
우리 집 가까이에는 산 좋고 물 좋고 경치가 빼어난 무릉계곡이 있다. 그곳은 옛날부터 많은 사람이 찾는 곳이다. 일요일마다 도시에 사는 사람들이 전세버스를 타고 와 먹고 마시며 놀다 간다.
나는 초등학교 3학년 때 이들이 먹고 버린 빈 병을 주워 팔기 위해 일요일마다 걸망을 메고 갔다. 그때 어린 내 눈에 비친 그들의 모습은 딴 세상 사람들이었다. 시골 사람들하고는 얼굴 때깔부터 다르고 입은 옷이나 가지고 온 음식들이 한 번도 보지 못한 것들이었다. 함께 온 아이들의 모습도 얼굴에 버짐이 피고 누런 콧물을 흘리는 시골아이들과는 딴 판이었다.
그들이 가지고 온 음식은 모두 쌀밥에 각종 튀김과 소고기, 돼지고기 등이었다. 나는 마치 꿈을 꾸고 있는 것 같았다. 맛있는 음식을 보자 갑자기 허기가 밀려오며 뱃속에서는 시냇물 흐르는 소리가 났다.

나는 그들과 조금 떨어진 바위에 누워 하늘을 쳐다보며 생각했다. 나는 오늘 별천지를 보았다. 나도 나중에 저 사람들처럼 살리라. 일요일에 쉴 수 있는 직장에 다니고, 일요일마다 맛있는 음식을 준비해 가족과 함께 나들이하리라.

혼자서 하늘을 쳐다보며 꿈을 다지고 있는데 노래하고 춤추던 사람들이 자리를 떠났다. 나는 허기진 배를 움켜쥐고 관광객들이 놀던 자리로 갔다. 그곳에는 그들이 흘린 음식물이 있었다. 밥 덩이도 있고, 튀김도 있고, 소고기와 돼지고기 조각도 있었다. 나는 그것을 주워 먹었다. 그 사람들이 밟아 놓은 것까지 모두 주워 먹었다. 그것은 나에게 최고의 식사였다. 매일 멀건 죽만 먹던 나에게는 진수성찬이었다.

이 때부터 내 가슴 속에는 세 가지의 소망이 자리 잡고 있었다.

어느덧 세월이 흘러 세 가지 소망 중 일요일에 쉴 수 있는 직장을 구했고, 그로 인해 가끔 이지만 소고깃국에 쌀밥을 먹을 수 있게 되었다. 이제 마지막 소망인 산 좋고 물 좋은 곳에 비가 새지 않는 반듯한 기와집을 짓고, 집 옆에 조그마한 텃밭을 마련하고, 집 주변에 과일나무를 심어 가꿀 곳을 찾아다녔다.

어릴 때 살던 곳이 최상의 조건을 갖춘 물 좋고 경치 좋은 곳이었지만, 시멘트 공장이 들어오면서 마을 전체가 사라졌기 때문에 어쩔 수 없이 다른 곳을 찾아다녔다.

휴일마다 찾아다녔으나 쉽사리 찾을 수가 없었다. 내가 태어나고 자란 마을만큼 좋은 곳은 없었다. 물 좋고 산 좋은 곳에는 이미 부자들의 별장이 다 차지하고 있었고, 어쩌다 마음에 드는 곳은 땅값이 너무 비싸 내 형편으로는 꿈도 꿀 수 없었다. 그러던 중 마음에 드는 장소를 찾았다. 아담한 산속 마을, 앞에는 작은 개울이 있고, 뒤에는 작은 산이 병풍처럼 집터를 감싸고 있는 곳이다. 암반으로 된 계곡에는 20여 개의 아기자기한 폭포가 이어져 있다.

2011년 퇴직하고 다음 해에 집을 지었다. 목조 기와집이다. 목재는 모두 국산소나무만 사용했다.

집이 완성되던 날 딱새 한 쌍이 마치 준공검사를 하는 듯 집 주변을 둘러보고 있었다.

국산 소나무로 지어 집안에 솔향기가 가득했다. 진한 솔향기를 맡으면 머리가 맑아지는 것 같았다. 오는 사람마다 솔향기를 맡느라 코 평수를 넓히고 킁킁거렸다.

우리 집은 앞에도 뒤에도 옆에도 산이 둘러싸고 있다. 따라서 우리 집은 살아 숨 쉬는 산수화가 그려진 거대한 자연병풍

속에 있다.

　전원주택을 지음으로써 어릴 적 가슴 깊이 새기고 염원했던 세 가지의 소망을 다 이루었다.

　이사하기 하루 전날 새로 지은 집 아궁이에 첫 불을 지폈다. 불 맛을 처음 보는 아궁이는 불을 잘 빨아들이지 못했다. 연기도 제 갈 길을 찾지 못해 우왕좌왕하며 아궁이 속에서 몇 바퀴 맴돌다가 마침내 길을 찾은 듯 고래 속으로 천천히 들어가기 시작했다. 높이 솟은 굴뚝에서는 첫 연기가 몽글몽글 소리 없이 피어올랐다.

　나뭇잎이 하나둘 떨어지는 가을에, 새로 지은 기와집 굴뚝에서는 하얀 연기가 하늘로 높이 올라간다. 붉고 노란 나뭇잎은 땅으로 떨어지고 흰 연기는 하늘로 올라가는 대조적인 풍경이다. 하늘로 곧게 올라가는 연기를 보자 옛날 초가집 아궁이에서 밥 짓던 어머니 모습이 떠올랐다.

　비 오는 여름철, 비에 젖은 나무를 아궁이에 넣고 불을 피우기 위해 아궁이에 입을 가까이 대고 입김을 불어 보지만 나무는 잘 타지 않고 연기만 내뿜었다. 연기가 눈에 들어가 어머니는 불을 피우며 눈물을 흘렸다. 당시 어머니는 정말 울고 싶은 심정이었을 것이다.

　굴뚝의 임무는 연기를 잘 배출하는 것이다. 굴뚝이 임무를 게을리하면 불이 잘 들지 않고 연기가 아궁이로 나와 불 때는 사람이 눈물을 흘리게 된다.

지금은 밥을 짓기 위해 아궁이에 불을 때는 것이 아니다. 방에 온돌을 놓아 난방하기 위해 불을 땐다.

창고에 가득 쌓인 장작은 보기만 해도 등이 따뜻해지는 것 같고 부자가 된 기분이다.

한 겨울 아궁이에 장작을 지피며 아궁이 앞에 앉아 있으면 「타닥타닥」하는 장작 타는 소리도 듣기 좋고, 불꽃이 붉은 혀를 날름거리며 방고래로 들어가는 모습도 보기 좋다. 거기에 더해 한참 후에 따끈하게 데워진 아랫목 방바닥에 등을 대고 누워 있으면 세상 부러울 것이 없다.

나는 아궁이에 불 때는 것을 좋아한다. 아궁이 속에서 활활 타오르는 불꽃을 보면 내 가슴 속에서 행복감이 불꽃처럼 피어오른다.

봄이 되니 우리 집에는 수십 채의 무허가 건물이 들어섰다.

집 주인의 허락도 받지 않고, 사용료도 내지 않고, 어느 날부터 한 채 두 채 짓더니 어느새 수십 채가 되었다.

그 나쁜 놈들이 누구냐고?

그들은 바로 참새와 딱새, 그리고 벌이었다.

이들 말고도 전원생활을 실감 나게 하는 친구들이 있다.

이른 봄 매화가 필 무렵이면 할미새가 마당에 자주 내려앉아 꽁지를 까불까불 하면서 종종걸음을 친다. 집 주변에 고라니도 자주 나타난다. 고라니는 귀엽게 생겼다. 그러나 생김새와는 다르게 울음소리는 곱지 않다. 마치 악을 쓰고 비명을 지르는 것 같다.

　5월이면 꾀꼬리가 집주변을 쌍쌍이 날아다니며 아름다운 목소리로 노래를 불러주고, 여름에는 매미가 암컷을 찾아다니며 사랑 노래를 부른다.

　집 짓는 것으로 일이 모두 끝난 것이 아니다. 과일나무도 심어야 하고, 텃밭도 가꾸어야 하고, 담장도 쳐야 한다. 전원생활은 생각보다 일이 많았다. 밭에도 산에도 돌이 많아 돌과의 전쟁이 기다리고 있었다. 그래서 밭에 있는 돌도 골라내고 담장도 치는 일거양득의 생각으로 집주변에 돌담을 쌓기로 했다.

　돌담을 쌓기 위해 돌을 캐내고 옮기고 쌓는 일을 혼자서 했다. 약한 체력에 무거운 돌을 다루는 것은 너무 힘든 노동이었다. 그러나 보람도 있었다. 돌이 하나하나 쌓여감에 따라 성과가 눈에 보이고, 마침내 완성되는 돌담을 보며 느끼는 성취감도 컸다. 내가 쌓은 돌담에는 나의 땀과 손때가 묻어 있고, 정성이 담겨 있고, 숨결이 스며있다.

　농사일에서는 풀매는 것이 가장 큰일이었다. 풀은 매고 돌아서면 또 자라있다. 풀과의 전쟁은 끝이 없다. 휴전도 없다. 나는 끝없는 풀과의 전쟁을 치르면서도 제초제는 치지 않았다. 제초제는 풀만 죽이는 것이 아니다. 땅도 죽이고 사람도 죽인다. 제초제의 독성이 없어지지 않고 곡식의 뿌리와 줄기, 열매에까지 스며들어 결국은 사람의 체내에 축적된다.

집 주변을 가꾸는 재미와 보람에 취해 너무 무리하게 일을 하여 건강을 해치게 되었다.

하루 이틀 정도라면 다소 힘들고 피곤하더라도 며칠 푹 쉬고 나면 괜찮았을 것이다. 그런데 이같이 과한 노동이 몇 년간 이어지자 몸이 그것을 견디지 못하고 주저앉고 말았다. 마치 솔가지에 내리는 작은 눈송이가 쌓이고 쌓여 마침내 그 눈의 무게를 이기지 못한 가지가 부러지는 것처럼.

나의 가장 큰 단점은 어떤 일을 시작하면 체력이 모두 소진될 때까지 한다는 것이다. 일 할 때뿐만 아니라 술을 마실 때도 제일 마지막까지 자리를 지킨다.

전원생활을 하면서 소득 없는 노동을 많이 했다. 그러나 금전적인 소득은 없어도 보람과 성취라는 심적인 소득은 컸다.

집 주변을 가꾸느라 너무 힘들고 건강을 해치기는 했지만 후회하지는 않는다. 일하는 동안 즐거웠고, 보람도 느꼈고, 성취감도 맛보았으니까 그것만으로도 고생한 대가는 충분히 보상받은 것이다.

어릴 적 소망이었던 전원생활은 10년 만에 막을 내렸다. 싫어서가 아니라 어쩔 수 없는 사정이 생겼다. 건강이 악화하여 텃밭과 주변을 가꿀 힘이 없었다. 무리한 노동과 음주로 간경화와 간암이 찾아온 것이다.

그동안 정성을 쏟아 가꾼 집과 땅을 남의 손에 넘기고 나니 가슴에 서운하고 섭섭하고 아쉽고 허전함이 일었다. 그러나 10년간 전원생활 한 것으로 만족한다.

이 세상에 영원한 내 것이 어디 있겠는가. 무엇이든 인연이 다하면 떠나게 마련이다. 여기까지가 나와의 인연이라고 생각해야지. 인연이 다하면 물건이 나를 떠날 때도 있고, 내가 물건을 떠날 때도 있다.

이로써 나는 내 생에 일곱 번째 집을 떠나고, 이제 여덟 번째 집과 인연을 맺었다.

그런데 가슴 한구석에 아쉬움과 미련이 머뭇거리는 것은 무엇 때문일까? 그것은 아마도 10년 동안 주변을 가꾸며 들인 정성과 애정이 너무 크기 때문이 아닐까?

나는 참 미련했다

　시골에 전원주택을 짓고 주변에 돌담을 쌓았다. 해도 뜨기 전에 일을 시작해서 해가 지고 땅거미가 질 때까지 일했다.
　내가 이렇게 힘든 일을 할 수 있었던 것은 내 손으로 내 보금자리를 가꾸겠다는 순수한 열정이었다. 몸은 고단해도 마음은 뿌듯했다. 돌을 하나하나 쌓아올릴 때마다 보람과 희열도 함께 올라갔다.
　돌담 쌓는 일뿐만이 아니었다. 집 뒤에 있는 돌산에 일부나마 밭을 만들기 위해 돌을 캐내고, 모래 치는 체로 작은 돌까지 걸러냈다. 메마른 땅을 옥토로 만들기 위해 매년 수백 자루씩 낙엽을 모아 부엽토를 만들어 넣었다. 낙엽을 모으고 옮기는 것도 여간 힘든 것이 아니었다.

　정년이 되기 전에 퇴직하고 산속에 들어간 것은, 자연을 좋아해서이기도 하지만 건강이 좋지 않아 휴양하기 위해 들어갔다. 당초 계획은 모든 욕심을 버리고 산에 다니며 체력도 기르고, 독서도 하면서 자연과 하나가 되어 바람같이 자유롭게 살려고 했다.

그런데 오히려 더 많은 일을 하게 되었다. 물론 일을 하지 않고 내버려 두어도 된다. 일을 꼭 해야 하는 것도 아니고 누가 일하라고 시킨 것도 아니다. 순전히 내가 좋아서 한 것이다. 자신의 건강상태는 생각지도 않고…….

일만 무리하게 한 것이 아니다. 크고 작은 사고도 여러 번 있었다.

첫 번째 대형 사고는 감나무에서 떨어졌다.

집 옆에는 전에 살던 사람이 심어 놓은 감나무가 몇 그루 있었다.

전원생활을 시작한 지 2년이 지난 어느 가을날, 탐스럽게 잘 익은 홍시가 나를 유혹했고, 나는 홍시의 유혹에 끌려 감나무에 올라갔다.

제일 아래쪽에 있는 가지가 바닥에서 2미터 남짓한 높이에 있었다. 나무 밑에 큰 돌을 하나 놓고 가지를 잡고 온 힘을 다해 올라가는데 가지가 부러지면서 날카로운 돌밭에 떨어졌다.

순간, 엄청난 고통이 전신으로 퍼졌다.

감나무는 경사진 곳에 있었고, 밑은 울퉁불퉁 모난 돌밭이었다. 부딪친 곳이 너무 결리고 아파 일어날 수가 없었다. 새어나오는 고통소리를 이를 악물고 참으며 일어나려고 했으나 바로 일어날 수가 없었다.

몸이 결려서 움직일 수도 없고, 숨도 제대로 쉴 수 없고, 말을 할 수도 없었다. 가족을 부를 수가 없어 한참 동안 혼자서 이를 악물고 고통을 참느라 입술이 터져 피가 흘렀다.

에라, 넘어진 김에 쉬어간다는 말이 있는데 나도 이대로 누워서 쉬어야지.

한동안 꼼짝 못하고 있다가 정신을 차리고 몸을 살펴보니 오른쪽 팔과 옆구리는 물론 다리까지 전신의 반쪽이 시퍼렇게 멍들었다. 뼈가 부러지지 않은 것이 천만다행이었다. 아니, 그보다 돌에 머리를 부딪치지 않은 것이 천만다행이라는 생각이 들었다. 내 명이 짧았다면 그때 잘못되어 이 글을 쓰지 못했을 것이다.

시간이 지나자 멍은 검게 변했다.

나는 본의 아니게 반은 황인종이고 반은 흑인종이 되었다. 빨간 홍시를 따먹으려다 홍시는 만져보지도 못하고 내 몸만 검게 변했다.

두 번째 대형 사고는 돌무더기에서 굴렀다.

우리 집 뒷산은 전체가 돌밭이다.

뒷산에 올라갔다가 경사진 돌무더기를 내려오는데 밟은 돌이 뒤집어지면서 옆으로 넘어졌다. 갈비뼈가 부러졌는지 만지지 못할 정도로 아프고 결려서 숨도 제대로 쉴 수 없었다. 이 사고로 또 한동안 고생했다.

세 번째 대형 사고는 산에 두릅 따러 갔다가 비탈길 바닥에 깔린 칡넝쿨에 걸려 꼬꾸라졌다.

봄이 되면 다른 나뭇잎보다 먼저 피고, 진한 봄 향기와 영양을 가득 품은 먹거리가 두릅이다. 두릅을 따기 위해 급경사지를 내려가다가 바닥에 벋어 있는 칡 줄기를 보지 못하고 걸려 넘어지면서 돌에 머리를 부딪쳐 한동안 정신을 잃었다. 다행히 앞머리가 부딪쳐 죽음은 면했다.

돌에다 앞머리를 얼마나 세게 부딪쳤는지 머리에서 징 치는 소리가 났다. 비탈에서 거꾸로 넘어져 쉽게 일어날 수도 없었다. 머리에는 밤톨만 한 혹과 함께 피가 흘러내리고 통증도 심했다.

경사진 곳에 거꾸로 처박힌 몸은 마음먹은 대로 움직여지지도 않았고, 일어나려고 버둥대는 내 몰골 또한 말이 아니었다.

네 번째 대형 사고는 돌을 잘못 밟아 크게 다쳤다.

도라지나 더덕을 캐고, 고사리를 꺾기 위해 산으로 자주 다닌다.

어느 날, 산에 다니다가 밟은 돌이 뒤집어지면서 오른쪽 정강이를 때렸다. 얼마나 아프던지 나도 모르게 눈물이 주르륵 흘러내렸다. 돌에 맞은 정강이를 보니 10센티미터 가량 찢어져 피가 줄줄 흘러내리고 있었다.

산에서 나는 신선한 먹거리를 구하기 위해 산에 다니다 보면 이처럼 떨어지고 넘어지고 가시에 찔리는 경우가 자주 발생한다.

세상에 공짜는 없고, 얻는 것이 있으면 잃는 것도 있다고 하지만, 이것은 대가치고는 너무 가혹하다. 홍시 몇 개의 대가가 반신 멍과 숨도 제대로 못 쉴 정도의 고통이라니. 또 두릅 몇 개 따는 대가로 돌에 머리를 부딪쳐 밤톨만 한 혹을 달게 하고, 약초 몇 뿌리 캤다고 정강이를 찢어 놓다니, 이런 불공평한 거래가 어디 있는가!

사고는 예고가 없다. 언제 어디에서 어떤 사고가 날지 아무도 모른다. 조심한다고 모든 사고를 다 막을 수는 없다.

이처럼 여러 번 큰 상처를 입었음에도 한 번도 병원에 가 치료받은 적이 없다. 아주 어렸을 때부터 참고 살아와서 그런지 어지간한 상처와 통증으로는 병원에 가지 않는다.

아무리 아파도 꼭 병원에 가서 치료받아야 할 병이 아니면 혼자 통증을 참으며 시간에게 치료를 맡겼다.

내 상처를 치료한 것은 의사도 아니고 약사도 아니었다. 그것은 시간이었다. 우리 몸은 스스로 낫게 하는 자연치유능력이 있다.

　그때 병원에 갔었다면 통증을 줄이고 회복기간은 짧았을지 몰라도 결론은 마찬가지다. 현재 그로 인해 특별히 불편한 점은 없다. 팔다리 모두 정상이고 움직이는데도 문제가 없다.

　사람들은 너무 미련하다고 할지 모르겠다. 물론 미련한 것은 맞다. 나도 내가 너무 미련하다고 생각한다. 어렸을 때부터 모든 상처를 자연치유에 맡겼으니까. 그것은 내 몸에 배고 체질화가 되어 다른 사람보다 자연치유능력이 뛰어났는지도 모른다. 너무 미련한 것도 문제이지만 너무 호들갑을 떠는 것도 문제다. 어쨌든 내 몸은 주인을 잘못 만나 수많은 고통을 겪어야만 했다.

　내 몸은 못나고 미련한 주인 때문에 고생이 참 많았다.

　초등학교 때부터 내 몸에는 고통이 끊이질 않았다. 가시에 찔리고 나뭇가지에 긁히고 돌에 부딪혀 팔다리가 성할 날이 없었다. 그러나 그 상처에 약 한 번 바른 적이 없었고 절로 나을 때까지 참고 또 참아냈다.

　당시의 만병통치약은 된장이었다.

　모든 상처에 된장을 듬뿍 바르고 어머니가 「호오, 호오」하고 입김을 불어넣어 주면 치료는 끝이다. 된장과 어머니의 입김, 약을 발랐다는 아이의 심리작용이 효과가 있었던지 상처

대부분이 나았다. 때로는 상처가 덧나 큰 고통이 따르기도 했지만, 무사히 잘 견뎌냈다.

어렸을 때부터 상처를 입기 시작한 내 몸은 환갑이 지나서도 전신에 멍이 떠날 날이 없었다.

초등학교 때 생긴 상처 자국이 60년이 지난 지금도 여기저기 남아있다.

시골의 멋

멋.

생각만 하여도 운치가 느껴진다.

사람에게서 풍기는 세련된 기품도 멋이고, 운치 있는 자연 풍경도 멋이고, 정성 들여 만든 음식의 맛도 멋이다. 멋과 맛은 형제지간이다. 맛에서 멋을 느낄 수 있고, 멋에서 맛을 느낄 수도 있다.

그러나 맛은 감각적이고 적극적이며 그때 뿐이지만, 멋은 정서적이고 은근하고 여운이 있다.

멋은 어디에나 있다. 시골에도 있고, 도시에도 있고, 하늘에도 있고, 땅에도 있다. 도시에는 멋있는 사람과 멋있는 작품들이 많다. 도시의 멋은 인공적인 멋이고, 시골의 멋은 자연적인 멋이다. 자연의 멋은 영혼을 맑게 하고, 인공의 멋은 영혼을 혼란스럽게 한다.

이른 봄, 대지 위에 아른거리는 아지랑이에서부터 시작되는 시골의 멋은 사계절 끊임없이 새로운 멋을 만들어낸다.

눈 속에서 추위를 이기고 남보다 일찍 그윽한 향기를 은은하게 뿌리며 고고한 품격으로 피어나는 설중매는 군자의 멋이 있다. 늙은 가지 끝에 홀로 핀 매화가 젊은 나무에 무더기로 핀 꽃보다 더 고고하고 품격이 있다.

하얗게 피는 배꽃은 청순한 소녀 같은 순수한 멋이 있다.

진달래는 왜 아찔하고 위험해 보이는 벼랑에서 자랄까? 깎아지른 듯 가파른 바위틈에 매달려 있으면서도 꽃은 활짝 웃고 있다. 보는 사람은 가슴이 조마조마한데 꽃은 너무도 평화롭게 웃고 있다. 벼랑에 위태롭게 매달려 있으면서도 웃는 진달래의 모습도 멋이 있다.

집 주위에 연분홍 복숭아꽃과 살구꽃이 환하게 웃고 있는 시골은, 비록 집 내부는 가난하고 초라하지만, 집 주변은 아름답고 풍요롭다. 이 또한 시골의 멋이고, 아름다움이고, 넉넉함이다.

병아리가 어미 닭을 따라다니며 어미가 찾아놓은 먹이를 쪼아 먹는 모습도 너무 보기 좋다.

싱그러운 5월의 이른 아침에 꾀꼬리가 맑은 목소리로 노래하는 것은 지친 삶에 생기를 주는 희망의 가락이다.

한 여름 함석지붕에 쏟아지는 빗소리는 얼마나 가슴을 시원하게 울리는가?

밤이 되면 개똥벌레도 날아다니고 박쥐도 날아다닌다.

개똥벌레는 무엇을 찾는 듯 이 덤불 저 덤불을 옮겨 다니며 안을 들여다보고, 박쥐는 날벌레를 잡아먹기 위해 공중에서 곡예비행을 한다. 이 또한 시골의 멋이 아닌가.

거미줄에 맺힌 이슬이 아침 햇살에 구슬처럼 반짝이는 모습도 멋있다.

비온 뒤 산허리에 뜨는 쌍무지개도 아름답고 멋있다.

비에 젖은 옷을 쌍무지개에 걸어 말리고 싶다.

여름이면 나무마다 매미가 목소리를 한껏 높여 노래를 부른다. 매미의 노랫소리가 청량하고 낭랑하다. 박자와 음정도 잘 맞는다.

시골의 허름한 초가집 마당 가에 있는 평상에 둘러앉아 직접 빚은 막걸리 한 사발에 텃밭에서 따온 풋고추를 된장에 푹 눌러 찍어 으적으적 씹으면, 그 맛은 물론 어느 술자리가 그 멋을 따를까! 도시에서 방부제에 찌든 마른안주에 맥주를 마시는 것과는 맛과 멋이 비교가 안 된다.

풀냄새도 좋다.

금방 베어낸 생풀 냄새도 좋지만, 건초더미에서 나는 향긋하고 은은한 냄새가 더 좋다. 건초더미 속에 누워 살며시 눈을 감고 풀냄새를 맡으면 잠시나마 시름을 잊고 마음에 평온이 찾아온다. 팔월에 갈풀을 썰 때 나는 풀냄새도 좋다. 도로변의 풀을 예초기로 베고 나면 진한 풀냄새가 코를 춤추게 한다. 전신에 생기가 돌고 힘이 솟는 것 같다.

가을은 가장 맑고 아름답고 풍요로운 계절이다.

마당가에 심어 놓은 모과나무에 노랗게 익은 모과도 멋있고, 길옆에 핀 들국화도 가을의 빼놓을 수 없는 멋이다. 잘 익은 모과를 이웃에 나누어 주는 것은 그 향기를 나누어 주는 것이다. 시골의 대표적인 가을 향기는 모과와 탱자, 들국화다.

시골의 가을을 더욱 운치 있게 만드는 것은 감이다.

잎이 진 나뭇가지에 소담스럽게 매달린 붉은 감은, 눈이 시리도록 푸르른 가을 하늘 아래 아름답고 풍성한 가을 경치를 선물한다. 또한, 수백 개의 감이 곶감이 되기 위해 옷을 벗고 처마 밑에 줄을 맞춰 매달려 있는 모습도 시골 가을의 멋을 달달하게 한다.

감나무에 발갛게 매달린 홍시도 멋이 있고, 고슴도치 같은 밤송이가 스스로 벌어지며 모습을 드러낸 알밤도 멋이 있다. 붉고 윤이 나는 알밤을 줍는 재미도 시골이기에 맛볼 수 있는 것이다.

농촌의 초가지붕 위에 핀 흰 박꽃의 멋은 또 어떤가? 낮에 보아도 멋이 있고 달빛에 보아도 멋이 있다.

어스름한 저녁에 기러기 떼와 까마귀 떼가 하늘 높이 떠서 우아한 날갯짓으로 날아가는 풍경은 또 얼마나 멋있는가?

겨울에 나뭇가지에 핀 상고대는 또 어떤가! 자연의 신비를 담은 멋이고 아름다움이다. 상고대는 꽃 중에서 가장 순수하고 맑고 아름다운 꽃이다.

추수를 끝낸 논밭에 살포시 내려앉는 눈과, 아스팔트 위에 떨어지는 눈은 느낌이 다르다. 온갖 나무들이 어우러진 앞산에 내리는 눈과 도심의 빌딩 사이로 떨어지는 눈은 같은 눈이면서도 느끼는 감동은 다르다.

맑은 밤하늘에 사선으로 떨어지는 별똥별도 멋있다.

서산마루를 붉게 물들인 저녁노을 아래, 한적한 시골 초가집 굴뚝에서 몽실몽실 피어오르는 흰 연기는 또 얼마나 멋있는가?

그 연기에 내 마음을 실어 띄워 보내고 싶다.

산중 나그네

나는 산중 나그네다. 나 스스로 나에게 붙인 명칭이다. 산을 좋아하고 산에서 보내는 시간이 많아 붙인 이름이다.

산을 좋아하는 사람은 많다. 아니, 많을 정도가 아니라 넘쳐난다. 이름난 산에는 사람에 막혀 걸을 수가 없을 정도다. 그 많은 사람이 산을 오르며 보고 생각하는 것이 비슷하면서도 다를 것이다.

산은 날마다 철마다 새롭다. 산을 보고 있으면 자연이, 이 지구가 살아 있음을 느낄 수 있다. 자연은 아무리 봐도 싫증이 나지 않는다. 계절 따라 화려함이 있고, 푸름이 있고, 맑음이 있다. 나무가 뿜어내는 냄새, 흙이 뿜어내는 냄새, 낙엽이 썩는 냄새도 좋다. 모두 산을 살찌게 하는 냄새다.

정말 산을 좋아하는 사람은 혼자 산을 찾는다. 산의 진면목을 보고 느끼기 위해서다. 혼자 다녀야 산속의 소소한 것까지 자세히 보고 느낄 수 있다. 동행자가 있으면 동행자를 따라가기 바쁘고, 서로 이야기하느라 산을 살펴볼 기회가 없다.

　단체 산행의 경우에는 일행의 대열에서 낙오되지 않기 위해 물속의 송사리 떼처럼 이리저리 몰려다니고, 산을 오를 때도 가쁜 숨을 몰아쉬며 앞 사람 따라가기 바쁘다. 자연을 감상할 여유가 없다. 앞사람의 발자국만 보며 가게 된다.

　단체 산행도 나름대로 재미가 있고 즐거움이 있지만, 가끔은 나 홀로 산행을 해볼 필요가 있다. 단체 산행에서 미처 느끼지 못했던 새로운 자연의 모습과 즐거움을 발견하게 된다.

　나는 사람들이 많이 다니는 등산로보다 길이 없는 곳으로 다니는 것을 더 좋아한다. 길이 아닌 곳으로 다녀야 산의 다양한 모습을 볼 수 있기 때문이다.

　길 따라 앞만 보고 가면 산의 진면목을 볼 수 없다. 관심을 두고 자세히 살펴봐야 보이는 것들도 있다.

　우리 집(전원주택)은 산속에 있으니 마당만 벗어나면 산이다. 앞에도 산이고 뒤에도 산이고 옆에도 산이다. 산을 좋아하는 나에게는 더 없는 명당이다.

　어린 시절 고무신 신고 오르던 산을 등산화를 신고 오르니 편하고 안전하다.

　사람들이 산에 왜 가느냐고 물으면 나는 그냥 간다고 대답한다. 그냥 산이 좋아서 가는 것이다. 산에 가면 나무도 좋고, 바위도 좋고, 계곡에 흐르는 물도 좋고, 얼굴을 스치는 바람도 좋다. 바위에 걸터앉아 자연을 멍하니 바라보는 것도 좋다.

　산속에서 쉼 없이 재잘거리며 흐르는 물을 보고 시끄럽다고 화내는 사람이 어디 있겠으며,
　숲속에서 지저귀는 새들을 보고 수다스럽다고 짜증 내는 사람이 어디 있겠으며,
　울창한 나무를 보고 일조권 침해라고 시비 걸 사람이 어디 있겠으며,
　이마를 스치며 지나가는 시원한 바람보고 왜 때리느냐고 시비 거는 사람이 어디 있겠으며,
　곱게 물든 단풍을 보고 늙었다고 조롱하며 업신여기는 사람이 어디 있겠으며,
　한겨울 앙상한 나뭇가지에 피어난 눈꽃을 보고 너 때문에 춥다고 화내는 사람이 어디 있겠는가?

　나무가 만들어낸 신선한 공기를 마음껏 마시는 것만으로도 힘들여 올라온 대가는 충분하고도 남는다.
　산 속에서는 산이 보이지 않는다. 나는 산을 보기 위해 산에 가는 것이 아니다. 산과 하나가 되기 위해 산에 간다.
　나무 옆에 서면 나무가 되고, 풀밭에 앉으면 풀이되고, 바위에 기대고 있으면 바위가 되고, 물가에 앉아 있으면 물이 된다.

또 너럭바위에 누워 푸른 하늘을 가로질러 흘러가는 흰 구름을 쳐다보면 마치 나 자신이 구름을 타고 가는 것 같다.

나는 산의 주인들과 대화도 한다. 꽃에게 예쁘다고 해주면 꽃이 웃는 것 같고, 새에게 목소리가 곱다고 하면 더욱 아름다운 목소리를 낸다. 마치 내 칭찬에 기분이 좋다는 듯.

나무, 바위, 물과도 대화한다. 나무는 잎을 나부끼며 화답하고, 물은 더욱 맑은 소리를 내며 흘러간다. 다만 바위는 묵직한 침묵으로 무슨 말이든 들어준다.

우람한 모습으로 서 있는 수백 년 묵은 거목 앞에 서면 늠름한 기상과 신령한 기운이 느껴진다.

힘들 때마다 자연과 대화하며 내 가슴속에 맺힌 응어리를 풀어낸다. 나는 그들의 말을 마음의 귀로 듣는다.

자연과 대화한다고 하면 미친놈이라고 생각하는 사람이 있을지 모르지만, 자연과의 대화는 자기 자신과의 대화이며 마음을 맑게 하는 청량제다.

왜 산이 좋으냐고 묻는다면 그냥 좋다고 대답할 테다. 왜 좋다고 한마디로 표현할 수 있는 것이 아니기 때문이다. 좋은 점이 너무 많아서 말로 표현할 수 없다. 보기만 하여도, 걷기만 하여도 그냥 좋다. 어렸을 적에 산을 헤매고 다니던 것이 몸에 밴 것 같다.

어렸을 적에는 먹고살기 위해 어쩔 수 없이 피 흘려가며 다녔지만, 지금은 꼭 산에 가야 할 필요가 없는데도 그냥 산이 좋아 나도 모르게 발길이 산으로 향한다.

산에 들어서면 산에 있는 모든 것들이 나를 반긴다. 나무도 바위도 계곡에 흐르는 물도. 산과 산속에서 흐르는 물은 아무리 보아도 싫증이 나지 않는다.

어느 날 산길을 가는데 길옆에 벌집이 있었다. 벌을 피하느라 발밑을 잘 살피지 않고 가다가 땅 위로 나온 나무뿌리에 걸려 넘어졌다. 아픈 무릎을 어루만지며 혼자 중얼거렸다

"이놈의 뿌리가 왜 땅 위로 튀어나와서 사람을 넘어뜨리는 거야! 뿌리면 뿌리답게 땅속에 얌전히 들어앉아 있을 것이지."

내가 넘어진 건 땅 위로 나온 나무뿌리 탓이 아니다. 내 부주의로 걸려 넘어진 것이다. 밖으로 나온 뿌리를 탓하는 것은 생트집이다. 사람들은 어떤 일을 당했을 때 자기의 잘못은 생각지 않고 남을 탓하기를 좋아한다.

산에 다니면 어떤 위험이 닥칠지 예측할 수 없다. 그래서 산을 좋아하는 사람은 산에서 죽을 수 있고, 물을 좋아하는 사람은 물에 빠져 죽을 수 있고, 나무타기를 좋아하는 사람은 나무에서 떨어져 죽을 수 있는 것이다.

그렇게 위험이 따르는 곳에 왜 가느냐고 의문을 제기하는 사람도 있다.

이 세상에 대가 없는 것도 없고 위험이 따르지 않는 것도 없다. 먹고 살기 위해 다니는 직장에도 크고 작은 사고가 숨어 있고, 길을 걷는 데도 위험이 있고, 차를 타고 다니는 데도 위험이 있다. 위험은 육지뿐만 아니라 바다와 하늘에도 있다. 위험이 따른다고 도전하지 않으면 아무것도 할 수 있는 것이 없다. 아무것도 하지 않고 있을 수 있는 곳은 무덤밖에 없다.

　나는 어렸을 때부터 자연과 더불어 살았으며, 자연으로부터 배우고 자연과 함께 성장했다. 나에게 자연은 친구이며 스승이었다. 또한, 먹을 것을 제공한 생명의 은인이기도 하다.
　혼자 다녀도 결코 혼자가 아니다. 항상 내 곁에 붙어 같이 다니는 친구가 있다. 그는 평생의 동반자 그림자다. 동행이 아무리 힘들어도 내 곁을 떠난 적이 없다.
　가을바람에 낙엽 구르는 소리를 들으며 오늘도 산중 나그네의 발길은 산속을 더듬고 있다.

월하독작

월하독작.

달 아래서 홀로 술을 마신다. 생각만 해도 멋이 풍기고 맛이 느껴진다.

밤은 도시의 밤보다 시골의 밤이 더 아름답고 낭만적이다.

화려함만 따진다면 도시의 밤이 훨씬 더 화려하다. 밤에도 대낮처럼 거리를 환하게 밝히는 가로등을 비롯해 건물마다 번쩍이는 네온사인, 화려한 차림으로 거리를 활보하는 청춘남녀, 마치 혼을 빼놓을 듯이 화려하고 생동감이 넘친다.

그러나 화려함과 아름다움은 다르다.

도시에서도 밤에 달과 별을 볼 수 있지만, 시골에서 보는 것과는 그 모습과 느낌이 다르다.

도심의 하늘은 매연과 미세먼지로 밤에 맑고 푸른 하늘을 보기 어렵다. 하지만 이곳은 청정한 산속이라서 밤하늘이 맑고 푸르고 높다.

여름밤 산 위에서 불어오는 시원한 바람, 무엇을 찾는 듯이 여기저기 기웃거리며 불을 켜고 날아다니는 개똥벌레, 날벌레를 잡아먹기 위해 허공에서 파도타기 하는 박쥐, 마당 가에 피워놓은 모깃불에서 나는 쑥 향기, 어느 것 하나 정겹지 않은 것이 없다.

술, 술은 어디에서 누구와 마시느냐에 따라 맛과 멋, 기분이 천차만별이다. 마음이 통하고 말이 통하는 사람과 기분 좋게 마시는 술은 맛도 좋을 뿐만 아니라 보약이 되고, 마주 보기도 싫은 사람과 어쩔 수 없이 마시는 술은 술맛도 쓰고 독약이 된다.

직장생활 하면서 동료들과 함께 많은 술집에서 술을 마셨다. 포장마차, 소주방, 호프집, 단란주점, 노래궁, 나이트클럽, 룸살롱까지 여러 종류의 술집을 다니며 술을 마셨다. 어디든 나름대로 즐거움은 있었다.

때로는 술자리가 끝날 때 씁쓸한 일들도 있었다. 같이 마시던 사람들이 술값 계산할 때쯤 되면 화장실 가는 척하고 나가 함흥차사가 되는 사람도 있고, 술이 너무 취해 정신이 없는 척하며 먼저 가버리는 사람도 있었다. 하나둘 다 가고 결국 혼자 남아 술값을 독 바가지 쓴 경우도 여러 번 있었다. 상습적으로 내빼는 사람도 있었다. 그래도 다음 날 만나면 전혀 내색하지 않고 대했다. 돈보다는 사람이 중요하니까.

술만 마시면 주사를 부리며 술 마신 티를 만천하에 알리는 사람도 있다.

나는 술 마시면 기분이 더 좋아진다. 그래서 술 마실 때는 모든 걱정 근심을 내려놓고 노래 부르고 춤도 추며 온몸으로 즐긴다. 말이 좋아 춤이지 그것은 몸부림이었다. 그러다가 마실 만큼 마시고 놀 만큼 놀고 나서 술집 문밖을 나서면 술 마신 티를 내지 않고 꼿꼿한 자세로 조용히 집으로 간다.

그래서 나와 같이 마셔보지 않은 사람들은 내가 술을 안 마시는 것으로 알고 있다. 술 취한 모습을 보지 못했으니까.

2019년 8월 16일.

황금 같은 보름달이 대낮같이 환하게 쏟아지고 있었다. 맑은 하늘에 떠오른 쟁반같이 둥근 보름달, 금 세공사가 둥근 황금 쟁반에 계수나무와 토끼를 새겨 넣었다.

달빛이 좋아 마당에 나가 왔다 갔다 하니 맷방석만 한 보름달이 나를 졸졸 따라다닌다. 문득 한잔 하고 싶은 생각이 들었다.

달아, 나와 같이 한잔할까?

달이 벌써 입맛을 다시고 있다.

가까이에 같이 마시자고 하면 좋아할 사람이 얼마든지 있지만, 가끔 혼자 자연을 벗 삼아 마시는 술이 더 맛이 있고 멋이 있다.

　방안에 들어가 아내에게 술상을 부탁했다. 감자를 갈아 두툼하고 큼직하게 전을 부쳐 소반 위에 올려놓고, 막걸리도 한 통 옆에 놓았다.

　마당에 돗자리를 펴고 술상을 들고 나가니 둥실한 보름달이 미소를 지으며 술상을 훔쳐본다.

　소반 위에 있는 술잔에 막걸리를 한잔 따랐다. 잔에 따라놓은 막걸리에 달이 풍덩 빠져 황금술이 되었다. 시인이라면 시 한 수가 절로 떠오름 직하다. 시인은 하늘에 있는 달에서 시를 따고, 연못에 빠진 달에서 시를 건지고, 술잔에 빠진 달에서 시를 마신다.

　같은 달을 보면서도 과학자는 저 달 속에 어떤 광물이 있을까를 생각하고, 시인은 달 속의 계수나무와 절구질하는 토끼를 본다.

　나는 시인이 아니니 달과 별을 친구삼아 술잔을 나누련다. 나 한 잔 달 한 잔, 별 한 잔 나 한 잔, 바람아 너도 한 잔 마셔라.

　술상 주변에는 바람도 기웃거리고 모기도 기웃거렸다.

　그 술자리는 혼자이면서 결코 혼자가 아니었다. 멀리 하늘엔 달이 있고 별이 있었고, 가까이에는 개똥벌레와 박쥐와 바람이 있었다. 모기도 자리를 같이하자고 앵앵 떼쓰고 있었다.

　모기란 믿을 수가 없다. 조금만 방심하면 흡혈귀가 되어 얼굴이고 팔이고 순식간에 달려들어 피를 훔쳐간다. 그래서 모기는 사절이다. 모기는 낭만과 분위기를 해치는 친구이기 때문에 참고 받아주려고 해도 정이 가지 않는다. 더구나 원치 않는 주사기로 채혈을 하겠다고 덤비니 아무리 태평양 같은 마음을 가지고 있어도 사절하기로 했다. 그래서 모기가 싫어하는 연기를 내기 위해 마당 가에 모깃불을 피우고 쑥을 베어 올려놓았다. 모기는 쑥 향기가 싫다고 도망가지만 나는 향긋한 쑥 향기를 술친구로 삼아 마시면 술맛이 더욱 좋다.

　모기는 비겁하지는 않다. 모기는 피를 빨기 전에 반드시 신고를 한다. 애~앵, 하며 사이렌을 울려준다.

　그 소리는 모기가 날갯짓 하는 소리라고 한다. 1초에 500번 내외의 날갯짓을 한다니 정말 놀랄 일이다. 사람은 1초에 손을 몇 번이나 움직일까? 아무리 빠른 사람도 열 번을 넘지는 못할 것이다.

　자기 손으로 자기 뺨을 때리는 놈은 스스로 만물의 영장이라고 생각하는 인간밖에 없다.

　모기는 사람의 얼굴에서 피를 빨다가 사람의 손이 자기를 향해 뻗어오는 순간 재빠르게 몸을 피하고, 헛손질로 자기 뺨을 치는 인간을 보고 조롱 섞인 웃음을 낄낄거린다.

앵앵 죽겠지. 날 잡아봐라!

술을 몇 잔 마시고 나니 달빛에 취하고, 쑥 향에 취하고, 술에 취하고, 밤바람에 취하니 그 취함이 더욱 황홀하다. 꿈인지 생시인지 구별이 어렵다.

달 한 잔 나 한 잔, 별 한 잔 나 한 잔 하다 보니 어느새 막걸리 한 병이 바닥을 들어냈다. 이제 마지막 한 잔만 소반 위에서 하늘을 쳐다보고 있다. 나도 하늘을 쳐다보며 마지막 잔을 비웠다. 취기가 오른다. 정신이 몽롱하고 눈앞이 가물가물해진다.

개똥벌레가 불을 켜 들고 술상 주위를 맴돌며 춤을 춘다.

달빛을 타고 선녀가 내려온다. 날개옷을 너풀거리며 춤을 춘다.

눈꺼풀이 무거워진다.

황금빛 달 아래 돗자리 펴놓고
감자전 한 접시 막걸리 한 병
달과 별을 벗 삼아 주고받는 술
목을 타고 넘은 술이 내 간을 간질이네.
찌르르 짜릿짜릿 그 느낌 좋구나.
쑥대 베어 마당 가에 모깃불 피우니

모기도 쑥 향에 취해 비실비실 춤을 추고
흰 구름 두둥실 달을 안고 돌아가니
달도 별도 흥에 겨워 나를 안고 돌아가네
달과 함께 별과 함께 이 밤을 즐기니
산해진미 안 부럽고 고급 양주 안 부럽다.
한 잔 술로 오른 취흥 꿈속까지 가져가리.

이날의 낭만 술자리가 나의 마지막 술자리가 되었다. 같은 해 10월에 간경화 진단을 받아 더 이상 술을 가까이할 수 없게 되었기 때문이다.

낮은 자세가 화를 면한다

 어느 산속에 큰 나무와 작은 풀이 살고 있었다. 나무는 클 뿐만 아니라 가지도 많고 잎도 무성했다.
 나무는 그 산속에서 가장 전망 좋은 곳에 자리 잡고 있었다. 높은 곳에서 아래를 내려다보며 자기 힘을 과시했다.
 나무는 자기의 힘을 과시하며 때때로 풀을 괴롭혔다.
 나무는 몸집이 큰 만큼 뿌리도 크고 길었으며 식욕도 왕성했다. 멀리 뻗은 뿌리로 물과 영양분을 독식하였고, 햇볕도 혼자 독차지했다. 따라서 풀은 먹을 것이 없어 굶주림에 허덕였고 클 수도 없었다. 풀은 늘 그늘에서 움츠리고 살았다.

 큰 나무는 가끔 온갖 새들을 불러들여 술판을 벌이며 음주가무를 즐기기도 했다. 술에 취한 새들은 그 자리에서 똥을 갈겼다. 술에 취해 부끄러움도 모르고 양심도 없었다. 밑에 있는 풀은 똥을 맞고 쓰러져 한참 동안 정신을 잃고 엎드린 채 일어나지 못했다.

　똥 벼락 맞은 풀은 분하고 억울하고 더럽고 수치스럽고 모욕을 당한 것 같은 마음에 똥을 싼 새와 사를 불러들여 술판을 벌인 나무를 어떻게 하고 싶지만, 자신의 처지로선 불가항력이라 몸을 부들부들 떨며 분을 삭이는 수밖에 없었다. 지금까지 큰 나무 때문에 온갖 고통을 당하면서도 속으로만 불평할 뿐 말 한마디 하지 못하고 살았다.

　그러나 세상에 영원한 것은 없다고 나무의 위세도 오래가지는 못했다.

　평소 자신의 거대한 몸집과 멀리까지 뻗은 수많은 가지를 자랑하며 거드름을 피우던 나무에 위기가 닥쳤다.

　어느 날, 하늘에 구름 한 덩이가 커졌다 작아졌다 하면서 변덕을 부리더니, 곧이어 바람과 함께 구름의 움직임이 빨라졌다. 조짐이 좋지 않았다. 구름은 점점 세력을 키우더니 얼마 안 가 하늘을 모두 덮었다.

　이어서 핏줄 같은 번개가 사방으로 뻗치고 천둥이 지축을 흔들었다. 천둥소리에 놀란 나무는 순간 몸을 부르르 떨었다. 천둥이 몇 번 더 울리더니 콩알만 한 굵은 빗줄기와 함께 거센 바람이 몰아쳤다.

　크고 많은 가지를 자랑하던 나무는 자신의 힘만 믿고 거만한 자세로 버티고 있었다. 바람도 지지 않겠다는 듯이 점점 거세게 불었다. 그러자 나무의 육중한 몸이 이리저리 흔들리기 시작하더니 가장 긴 가지 하나가 우지끈하는 비명과 함께 부러져 낭떠러지 아래로 굴러떨어졌다.

바람은 점점 더 세차게 불었다. 나무는 온 힘을 다해 버텼으나 몸은 점점 기울어지고 있었다. 그 모습을 본 바람은 최후의 일격을 가했다. 그러자 거대한 나무는 괴물처럼 괴성을 지르며 뿌리째 뽑혔다. 바닥에 길게 누운 나무는 고통에 온몸을 부르르 떨더니 곧 숨이 끊어졌다.

풀은 바람이 불자 낮은 곳에 있으면서도 더욱 낮은 자세로 엎드렸다. 큰 나무를 쓰러뜨린 바람은 나무 밑에 허리를 숙이고 있는 풀을 쓰다듬으며 지나갔다.

다음 날 나무꾼이 올라와 뿌리째 뽑힌 나무를 톱으로 순대 썰 듯이 토막 내고, 도끼로 쪼개서 아궁이에 집어넣고 불을 질렀다.

큰 나무가 사라지자 풀은 물도 충분히 마시고, 영양분도 충분히 섭취하고, 햇빛도 넉넉히 받아 건강하게 자랐다. 그리고 얼마 후 풀은 아름다운 꽃을 피웠다.

베짱이 전성시대

　이솝우화 중에 개미와 베짱이라는 우화가 있다. 개미는 부지런히 일해 먹을 것을 충분히 저장해 두었기 때문에 추운 겨울에도 걱정 없이 지내고, 베짱이는 좋은 계절에 노래만 하고 저장해둔 양식이 없어 고생하다가 결국 개미에게 찾아간다.
　개미는 베짱이에게 식량을 나누어주고 베짱이는 자신이 미리 준비하지 않은 것을 후회한다.
　우화에서는 베짱이를 좋게 생각하지 않았다. 개미는 부지런한 사람에 비유하고, 베짱이는 게으른 사람에 비유되는 곤충이었다.
　옛날에는 가수들도 베짱이 신세만큼이나 좋은 대접도 못 받았고 어려운 삶을 살았다.
　자식들이 가수가 되겠다고 하면 대부분 부모들이 말렸다. 특히 여자들은 반대가 더 심했다. 가수를 「딴따라」라고 하며 천하게 여겼다.

모든 것은 세월 따라 변한다.
예전에 천대받던 가수가 요즘은 최고의 인기를 누리고 있다. 이제는 자식들이 가수가 되겠다고 하면 부모들이 더 적극 나서서 응원하고 밀어준다.

인간은 본능적으로 노래와 춤을 좋아한다. 노래와 춤은 인간의 역사와 함께해 왔다. 어느 시대 어느 나라를 막론하고 노래와 춤이 있었다. 태초에 인류가 탄생하면서 노래와 춤도 함께 탄생하였다.

요즘 전국이 베짱이 노랫소리로 들썩들썩하다. 방송국마다 미스·미스터 베짱이 경연대회를 개최하여 우수한 베짱이를 발굴한다. 여러 채널에서 매일 재방송하고 있다.
지금까지 이런 경우는 없었다. 베짱이들의 노래 경연이 이처럼 뜨거운 적은 없었다.
베짱이 경연대회는 시기적으로도 좋았다.
전 세계를 휩쓸고 있는 코로나19로 인해 전 국민, 아니 전 세계인이 창살 없는 감옥에 갇히고, 가족과 사랑하는 사람들과도 이별 아닌 이별을 해야 하고, 여러 사람의 손이 닿는 곳은 모두 소독을 하고, 사람들이 가까이 오는 것도 꺼렸다.
금방 끝날 줄 알았던 코로나19는 날이 갈수록 심해져 사람들은 모두 지치고 실의에 빠졌다.

　빌어먹을 코로나와 망할 놈의 거리 두기 때문에 사람들의 삶은 말이 아니었다.

　이같이 실의에 빠져 있을 때 여러 방송국에서 실시한 베짱이 노래 경연은 아주 시기적절했고, 본의 아니게 집에 갇혀 있는 사람들에게 큰 위안과 즐거움을 주었다. 베짱이들의 멋진 공연은 코로나19로 인해 생길 수 있는 우울증을 예방해주는 백신이며 치료제였다.

　노래 잘하는 베짱이들이 생각보다 많았다.

　그동안 풀 속에서, 또는 덤불 속에서 노래하던 유능한 베짱이들이 경연장으로 나와 자신의 실력을 만인들에게 보여주었다. 무대 위에서 펼쳐지는 베짱이들의 활약은 보는 사람의 눈과 귀, 마음까지 황홀하게 만들었다.

　더욱 놀라운 것은 아기 베짱이들의 활약이다. 그 작은 몸집에서 그토록 당찬 목소리가 나오고 곡 해석도 완벽해 듣는 사람의 심금을 울렸다. 어른 베짱이보다 노래를 더 잘하여 어른 베짱이는 물론 많은 사람을 놀라게 했다. 어린 베짱이들의 곡 해석 능력과 감정을 담아 부르는 노래는 마치 인생을 다 살아본 사람처럼 농익었다.

　우리의 눈과 귀를 즐겁게 해주는 베짱이의 노래는 꾀꼬리의 목소리와 매미의 가창력을 모두 갖추었다. 무대의 화려함은 공작새들의 향연 같았다. 그 무대는 꾀꼬리가 노래하고 공작새가 춤추는 것 같았다.

화려한 무대 위에서 펼쳐지는 3분 드라마는 가장 짧은 시간에 가장 큰 감동을 주었다.

훌륭한 베짱이는 저절로 되는 것이 아니다. 아무리 부모로부터 좋은 유전자를 받았다 하더라도 본인의 피나는 노력 없이는 훌륭한 베짱이가 될 수 없다. 노력하지 않는 유전자는 흙 속에 묻힌 보석과 같다. 신동 베짱이들도 남다른 노력을 했기 때문에 신동 소리를 듣는다. 재능을 키우고 열매를 맺게 하는 데는 연습만큼 확실한 것은 없다.

많은 사람들이 멋진 베짱이들 덕분에 귀 호강 눈 호강을 하고 있다.

요즘 베짱이들은 노래만 잘하는 것이 아니라 노래 못지않게 얼굴도 잘생겼고, 말도 잘하고, 퍼포먼스도 화려하다. 팔방미인 재주꾼이다.

그러나 신은 한 사람에게 모든 것을 다 주지 않는다고 했던가. 이들 중에는 가슴 아픈 사연을 안고 자란 사람들이 많다.

부모를 일찍 여의었거나 이혼으로 인해 조부모 손에 자란 사람도 있고, 부모 중에 한쪽이 일찍 사망하여 편모 편부 밑에서 자란 사람들도 있다. 안타까운 일이다.

그럼에도 불구하고 외모뿐만 아니라 심성까지 곱게 잘 자라 많은 이의 심금을 울리는 가수가 된 것에 경의를 표하지 않을 수 없다.

경연에서 톱 쎄분에 든 베짱이들은 인기도 대단하고 새로운 베짱이 삶이 열렸다.

이러다 개미들이 모두 베짱이가 되겠다고 나서지 않을까 우려된다. 물론 되고 싶다고 되지도 않지만, 사회와 국가가 잘 유지되려면 개미도 있고, 베짱이도 있고, 호랑이도 있고, 늑대와 여우도 있어야 한다. 그중에서 개미들의 역할이 가장 크다. 과거도 현재도 미래도 국가와 사회를 유지하고 발전시키는 근본은 근면 성실한 개미들이다. 사회가 유지되는 것은 베짱이보다 개미가 많기 때문이다.

주인공은 무대 위의 베짱이가 아니라 관중석에 있는 개미들이다. 개미들이 베짱이의 노래를 들어주고, 환호하고, 박수 쳐주기 때문에 베짱이들은 더 열심히 노래를 부른다. 베짱이는 개미들의 박수와 환호를 먹고 산다. 박수와 환호를 많이 받을수록 힘이 솟는다. 개미들이 베짱이의 노래를 들어주고 봐주고 환호하지 않으면 베짱이는 존재감을 상실한다.

베짱이와 개미는 물론 여우와 늑대, 호랑이, 토끼가 모두 제 할 일을 열심히 하면 신나고 행복한 사회가 된다. 모두가 제 위치에서 제 할 일을 성실히 수행할 때 이상적인 사회가 된다.

잃어버린 청춘

청춘은 원래 새싹이 파랗게 돋아나는 봄철이라는 뜻이지만, 사람들은 십 대 후반에서 이십 대에 걸치는 인생의 젊은 나이 또는 그런 시절을 청춘이라 이른다. 청춘은 꿈도 많고 무엇을 바라는 희망, 기원, 갈망, 욕망도 많다.

청춘! 듣기만 하여도, 생각만 하여도 가슴이 설레는 단어다.

용광로 속의 쇳물과 같이 뜨거운 피가 흐르는 소리가 들린다. 불가능을 모르는 시기다. 청춘은 혼자 있으면 온전한 청춘이 아니다. 청춘을 함께 불사를 상대가 있어야 한다.

나는 인생의 가장 소중한 보물인 청춘을 청춘답게 보내지 못했다. 항상 조마조마한 가슴을 안고 지내다 보니 어느새 청춘은 가버렸다.

내 청춘은 스스로 내 곁을 떠났는가? 내가 쫓아버렸는가? 내가 쫓아버린 것 같기도 하고 스스로 떠난 것 같기도 하다. 아니 둘 다 맞는 것 같다. 내 처지가 청춘과 함께하기에는 너무 아니라고 생각되어 청춘이 나에게 다가오면 피하고 다가오면 피하니 청춘도 지쳐 세월과 함께 내 곁을 떠나버렸다.

내 청춘은 가난의 돌부리에 걸려 넘어졌습니다.
너무 많이 다쳤습니다.
몸만 다친 것이 아니라 마음도 다쳤습니다.
몸보다 마음이 더 아팠습니다.
청춘은 달리기 선수인가 봅니다.
너무 빨리 가버렸습니다.
뒤도 돌아보지 않고 갔습니다.
다시는 올 수 없는 먼 곳으로 갔습니다.
불러도 대답이 없습니다.
너무 매정하게 가버렸습니다.

내 청춘은 날개를 접은 채 한 번도 펴보지 못하고 지나갔다. 내가 머뭇거리는 사이에 내 청춘은 나를 떠났다. 돌아올 수도 없고 찾을 수도 없는 곳으로 가버린 청춘! 어디에서 보상받을 수 있나?

잃어버린 내 청춘은 어디 있는가? 어디에서 찾을 것인가? 청춘을 백화점에서 찾을 수 있을까요? 전통시장에서 찾을 수 있을까요? 산 속에 있을까. 바닷속에 있을까.

나는 한창 가슴 설레는 꽃다운 청춘에 좋아하는 여자와 짜장면 한 그릇, 커피 한 잔도 같이 해보지 못했다. 나를 따르는 여자가 있었으나 그들의 마음을 받아들이지 못하고 혼자 아픈 마음을 달래고 삭혔다. 그럴 때마다 내 가슴은 왕소금으로 비벼대고 그 위에 고춧가루를 뿌린 듯이 쓰라리고 아팠다.

내 상처를 꿰매어 줄 사랑의 바늘은 어디에 있나요?

내 청춘은 초라하기 그지없었다. 가난하면 외롭다. 고독하다. 쓸쓸하다. 허전하다. 청춘이 떠나간 내 가슴은 밥을 먹어도 허전하고, 술을 마셔도 허전하다. 마치 큰 구멍이 뚫린 것 같다. 그리고 슬펐다. 왜 슬픈 것인지 뚜렷한 까닭도 모른 채 그저 슬펐다.

나는 청춘을 활활 태우지 못하고 젖은 집단처럼 연기만 피우고, 그 연기 때문에 눈물만 흘렸다. 불타려는 가슴에 스스로 찬물을 끼얹어야 했다. 그것이 나의 가슴을 가장 시리게 하고 허전하게 했다.

다시 청춘으로 돌아간다면 나뭇잎으로 찻잔을 만들어 바위 틈에서 솟는 샘물을 떠서 그녀와 나누어 마시고, 클로버 꽃으로 꽃반지를 만들어 그녀의 하얀 손가락에 끼워주고, 감꽃으로 목걸이를 만들어 그녀의 긴 목에 걸어주고, 인동꽃에서 꿀을 따 그녀의 앵두 같은 입에 넣어주겠다.

육체적인 청춘은 지나갔다. 한 번 간 청춘을 되돌릴 수는 없다. 나는 이미 가버린 육체적인 청춘에 매달리지 않고 마음의 청춘에 불을 지피겠다.

잃어버린 청춘을 내 마음속에서 다시 찾을 것이다.

비록 몸은 늙어 머리에 서리가 내리고, 머리카락도 가을바람에 낙엽 지듯 빠지고, 얼굴에는 주름과 검버섯이 피고, 눈은 침침하고, 이빨도 빠지고, 말소리도 정확하게 들리지 않고, 무릎에선 나뭇가지 부러지는 소리가 나지만 마음은 청춘으로 살리라.

몸은 세월에 치여 어쩔 수 없이 고목이 되었지만, 마음은 청춘이다. 고목에도 꽃은 핀다. 나무가 늙었다고 그 가지에서 늙은 꽃이 피는 것은 아니다. 고목에 핀 꽃이 더 아름답고 고상하고 품위가 있다. 특히 매화는 젊은 나무에 무더기로 흐드러지게 핀 꽃보다 고목나무 가지 끝에 핀 한 송이의 꽃이 훨씬 고고하고 품위가 있다.

시기적인 청춘은 멀리 떠나갔지만, 마음의 청춘은 아직 내 곁에 남아 있다. 복사꽃 같던 얼굴은 곶감이 되었지만, 인생의 깊은 샘에서 솟아나는 열정과 의지력은 아직 살아 있다.

세월이 가면 피부에 주름이 생기지만, 열정을 잃으면 영혼에 주름이 생긴다. 숨을 쉬고 있는 한 무엇인가 하겠다는 열정만은 잃지 말아야 한다.

　육체의 청춘은 멀리 가버렸지만 내 마음의 용광로는 아직도 끓고 있다.

나는 행복합니다

지금은 물질적으로 풍족한 세상이다. 넘치는 세상이다.

그러나 풍요 속에서도 굶주림에 허덕이는 사람들도 있다.

어느 시대 어느 나라나 잘사는 사람과 못사는 사람은 있다. 아무리 잘 사는 나라에도 거지가 있고 굶어 죽는 사람이 있다. 미래에는 지금보다 더 풍족한 시대가 올 수도 있겠지만, 그렇다고 반드시 지금보다 행복할 거라는 보장은 없다.

낭만과 인정과 행복지수가 오히려 지금보다 떨어질지도 모른다. 인간이 인간성을 잃고 물질의 노예와 기계의 노예가 될 수도 있다.

사람은 누구나 욕구가 있다. 욕구는 삶의 원동력이다. 욕구가 없으면 의욕도 없다. 욕구가 없으면 성취도 없기 때문에 기쁨도 없다.

가장 기본적인 욕구는 먹고 자는 생존적 욕구다. 생존적 욕구가 충족되지 않으면 살아갈 수가 없다.

그다음은 상대적 욕구로 남보다 더 많이 가지고 싶고, 남보다 더 높은 지위에 오르고 싶고, 더 좋은 환경에 살고 싶은 욕구다.

그다음에는 탐욕이다. 탐욕은 지나친 욕구이다. 탐욕은 자기를 행복하게 해주는 것이 아니라 불행하게 만든다. 상대적 욕구는 절제가 필요하고, 탐욕은 버려야 한다.

나는 참 복 받은 사람이라고 생각한다.

한 생애에서 두 가지의 다른 세상을 살고 있으니 얼마나 복 받은 것인가? 유년시절에는 아사의 공포를 느낄 만큼 어려운 생을 살아봤고, 지금은 넘치는 세상을 살고 있으니 얼마나 행복하고 복 받은 삶인가.

앞서간 사람들은 모자람 속에서만 살다 갔고, 뒷사람들은 풍요 속에 태어나 풍요 속에 살다가 갈 것이니, 풍요의 고마움과 참맛을 알지 못할 것이다. 나는 쓴맛 단맛을 모두 맛보며 살고 있다. 단맛을 먼저 보고 나중에 쓴맛을 보며 사는 사람은 불행한 삶일 수도 있겠지만, 나는 쓴맛을 오랫동안 먼저 보아왔기 때문에 조금 단 것도 아주 달달하게 느끼며 살고 있다.

어린 시절 부유한 가정에서 어려움을 모르고 호의호식하다가 나이 들어 어렵게 산다면 현재의 삶이 괴롭고 고통스럽겠지만, 나는 행인지 불행인지 어린 시절 가난이 무엇인지 오랜 세월 체험했고, 지금은 의식주는 해결할 수 있으니 남과 비교하는 마음만 잠재우면 부자다.

나는 유년시절 육체적 정신적 상처도 깊이 입었고, 고통도 많이 겪었다. 어려웠던 유년시절의 삶에 비하면 지금은 천국이다. 추위와 비바람을 막아주고 편히 쉴 수 있는 집이 있고, 밥걱정하지 않아도 될 만큼의 연금이 나오니 얼마나 다행인가.

연금외의 수입은 한 푼도 없다. 이만해도 아내와 둘이 밥걱정은 하지 않아도 되니 얼마나 고마운가. 풍족하지는 않지만 돈에 맞추어 살아가면 된다. 욕심을 버리면 모든 것이 넉넉하다.

나도 평범한 인간이기 때문에 욕심도 있고 남과 비교하는 마음도 있다. 그래서 한때는 적은 수입을 놓고 남과 비교하기도 했다. 어떤 사람은 조상으로부터 물려받은 재산도 있고, 맞벌이하여 연금도 두 배고, 퇴직 후에도 직장을 다니는 것을 부러워하기도 했다. 보고 들으면 누구나 비교하고 부러워하게 된다. 또 잠시 건강한 사람을 부러워하기도 했지만, 이제는 그 마음도 버렸다. 부러워하는 마음을 오래 가지고 있으면 자신만 더 초라해진다.

비교하는 마음을 버리고 욕심을 내려놓으니 마음이 편안해지고 삶에 대한 만족감이 더해졌다.

　현재 가진 것으로 만족하지 못하는 사람은 더 많은 것을 가진다 하여도 만족하지 못하고 행복할 수도 없다.

　사람은 누구나 행복하기를 바란다. 행복에는 기준도 없고 조건도 없다. 기준과 조건을 내세우면 행복할 수 없다. 행복은 외부 조건이 아니라 내 안에서 싹트고 자라는 것이다.

　조건은 끝이 없다. 조건은 조건을 낳는다. 한 가지 조건이 충족되면 또 다른 조건을 달게 된다. 조건을 달다 보면 한도 끝도 없고 자신은 이미 백발이 되어 평생 행복은 맛도 못 보고 죽는다. 지금 바로 행복해야 한다.

　나는 많이 가져본 적이 없기 때문에 많이 가진 자들의 마음은 알 수 없다. 내 수입은 과식하면 모자라지만 꼭 필요한 만큼만 먹으면 남는다.

　역설적인 말이지만 나는 건강을 잃고 나서 마음은 오히려 더 가벼워졌다.

　몸으로 하는 일은 아무것도 할 수 없으니 돈을 더 벌어야겠다는 생각도 할 수 없다. 따라서 그런 걱정을 할 필요가 없게 되었으니 마음의 짐을 덜 수 있고, 돈을 더 벌기 위해 남의 밑에서 일을 하지 않으니 눈치 볼 일도 없고, 싫은 소리 들을 이유도 없으니 마음도 편하다. 하루 24시간을 내 마음대로 할 수 있다. 내가 하고 싶은 대로 하면 된다. 바람 같이 자유롭게 살 수 있다.

  욕심을 내려놓고 마음을 비우니 그 자리에 자유와 여유가 찾아왔다. 얽매임이 없어진 것이다.

  나는 궁핍한 시대에도 살아봤고, 풍요로운 시대에도 살고 있으니 더 이상 무엇을 바라고 무엇을 욕심낼까. 여기서 더 욕심내면 스스로 불행의 늪으로 빠질 뿐이다.

  나는 부자다. 내가 부자라고 생각하면 부자인 것이다. 의식주 걱정이 없으니 부자가 아닌가? 행복의 기준이 없듯이 부자의 기준도 없다. 돈을 얼마 이상 가지고 있어야 부자라는 기준이 있는가? 본인이 부자라고 생각하면 부자이고, 가난뱅이라고 생각하면 가난뱅이인 것이다.

  검소하고 단순하게 살면 마음 쓸 일도 적어진다. 방안에서 아침마다 바다 저 멀리 붉게 솟아오르는 일출을 볼 수 있고, 낮이면 앞뒤로 푸른 숲을 볼 수 있고, 밤이면 달과 별을 볼 수 있으니 여기서 무엇을 더 욕심낼까.

  물욕을 비우면 그 자리에 만족이 들어오고, 만족은 행복을 낳는다.

  명은 하늘이 주는 것이고, 행복은 내가 만드는 것이다.

나는 나다

나는 나다? 이 무슨 뚱딴지같은 소린가!

「나는 나다」라고 하는 것은 남과의 관계를 끊으라는 소리도 아니고, 나는 나고 너는 너라고 금을 긋고 벽을 쌓으라는 것도 아니다. 산다는 것은 곧 관계라고 할 수 있을 정도로 관계는 중요하다.

「나는 나다」라고 하는 것은 남과 비교하며 열등의식을 갖지 말라는 것이다. 열등의식은 삶을 궁핍하고 괴롭고 비참하게 만든다. 열등의식은 가지고 있는 소질을 계발하는데도 장애가 된다. 나와 남이 다름을 인정하고 나답게 살아가라는 말이다.

사람들은 남과 비교를 잘한다. 특히 부모들은 자식들에게 누구 집 아이는 어떤데 너는 왜 그 모양이냐, 하는 식으로 비교하여 오히려 아이의 기를 죽이고 열등의식을 갖게 한다.

어떤 사람, 누구와 비교하느냐에 따라 자기의 위치가 달라진다. 자기보다 여러 면에서 우월한 사람과 비교하면 자신이 몹시 못나고 초라해 보이고, 자기보다 훨씬 못한 사람과 비교하면 자신이 잘나 보이고 우월해 보인다.

「나」라는 사람은 이 세상에 하나밖에 없는 특별한 사람이다. 나와 같은 사람은 과거에도 없었고, 현재에도 없고, 앞으로도 없을 것이다. 여기에서 「나」는 이 세상에 존재하는 모든 사람이 다 해당한다.

지구상에는 수많은 사람이 살고 있다. 그 많은 사람 중에 비슷하게 보이는 사람은 있어도 똑같은 사람은 없다. 사람 수만큼 생김새, 능력, 생각, 성격, 가치관이 모두 다르다.

이처럼 모두 다른 것은 천만다행이다. 모든 사람이 다 똑같이 생기고, 생각도 똑같고, 능력도 똑같고, 하는 일도 똑같다고 상상해보라. 얼마나 재미없고 단순하고 권태로운 세상이 되겠는가. 금방 싫증을 느끼고 말 것이다. 서로가 다르기 때문에 우리 사회가 더욱 풍요롭고 다채롭다.

뿐만 아니라, 만약 모든 사람이 키도 똑같고 얼굴도 똑같이 생겼다면 각자를 구분하지 못하는 대 혼란이 일어날 것이다. 얼굴을 구분하기 위해 이마에다 자동차변호판처럼 고유번호를 붙이고 다녀야 하는 문제가 발생할 수 있다. 그러니 각자 다른 모습을 가지고 있는 것이 얼마나 다행인가.

한편 이처럼 다름에서 문제가 발생한다. 어떤 사람은 많은 사람의 시선을 사로잡는 외모와 재능을 가지고 있는데, 어떤 사람은 본인조차 거울을 보기 싫을 정도로 못난 외모에 이렇다 할 재능도 없는 사람이 있다.

뿐만 아니라 살아가는 환경도 천차만별이다. 넘치도록 호화롭게 사는 사람이 있는가하면, 겨우 목숨을 이어가는 사람도 있다. 잘났든 못났든, 잘살든 못살든 다 똑같은 상황이라면 아무런 문제가 없다. 비교할 대상이 없기 때문이다.

사람은 감정의 동물이기 때문에 남과 비교하지 않을 수 없다. 비교는 순기능도 있고 역기능도 있다. 순기능은 자기보다 나은 사람과 비교하면서 자기계발에 힘쓰는 사람이고, 역기능은 열등감에 빠져 자기는 남보다 잘난 것도 없고 능력도 없는 무능한 인간이라고 자책만 하는 경우이다.

자신을 괴롭히는 것은 남이 아니라 바로 자기 자신이다. 자기를 못난이로 만드는 훼방꾼은 바로 자기 안에 있다. 그 훼방꾼은 항상 자기가 잘한 일은 우연이며 운으로 돌리고, 단점만 끊임없이 들추어낸다.

자기의 단점만 찾고 자신이 남보다 못났다고 생각하면 결국 못나지고, 장점을 찾아 무엇이든 할 수 있다고 생각하면 능력 있는 사람이 된다.

인생은 남이 대신 살아주는 것이 아니다. 그러니 남이 나를 어떻게 보고 어떻게 평가하는지에 크게 신경 쓸 필요 없다. 끝까지 믿을 수 있는 것은 자기 자신밖에 없다. 자신을 믿고 사랑해야 한다. 타인은 상황에 따라 언제든지 변할 수 있다. 자기가 자기를 믿고 사랑하지 않으면 남들도 하찮은 사람으로 여긴다.

그 사람의 능력으로서의 가치와 인간으로서의 가치는 별개다. 능력으로서의 가치는 사람마다 다르지만, 인간으로서의 가치는 능력과 상관없이 누구나 똑같은 것이다.

나라는 존재 자체가 소중한 것이다.

사람은 누구나 잘 생기고 능력 있는 사람이기를 바란다. 그러나 그것은 마음대로 할 수 있는 사항도 아니고, 이미 결정되어 이 세상에 나왔다.

나는 네가 아니고 나다. 그러니 남과 비교하지도 말고 열등의식을 갖지도 말고 나답게 살면 된다. 내가 할 수 있는 것을 열심히 하고, 즐기며 살면 된다. 잘 나고 돈 많고 겉보기에 화려하고 남들의 부러움을 사는 사람도 남모르는 고민과 갈등이 있다. 어쩌면 더 많을지도 모른다. 남부러울 것 없이 행복해 보이는 사람들도 이혼하고 심지어 자살하는 사람도 있다. 잘 나고 돈 많고 사회적 지위가 높다고 반드시 행복한 것은 아니다. 행복은 외모, 재력, 권력에서 오는 것이 아니라 웃음소리가 많이 나는 가정에서 나온다.

　모두가 다르기 때문에 다채로운 세상이 되는 것이다. 모든 사람이 판검사가 되거나 의사가 되면 나라가 망한다. 다양한 사람들이 다양한 분야에서 열심히 일하기 때문에 나라가 유지되고 발전하는 것이다.

　남들이 나를 어떻게 보고 어떻게 생각하든 나는 나일 뿐이다. 남들의 평가에 휘둘릴 필요는 없다. 내가 어떤 사람인지는 내가 나를 어떻게 생각하고 어떻게 보느냐에 달렸다.

　나를 다른 사람과 비교하면서 과소평가하지 마세요.

　사람은 각자 다르고 특별한 존재입니다.

　인생의 목표를 다른 사람들이 중요하다고 생각하는 것에 두지 말고 나에게 가장 최선인 것에 두세요.

못하는 것이 아니라 하지 않는 것이다

「천재는 1퍼센트의 영감과 99퍼센트의 노력으로 만들어진다.」라는 말이 있다. 영감은 순간적으로 떠오르는 기발한 생각이다. 이 기발한 생각을 실물로 만들어내기 위해서는 99퍼센트의 노력, 즉 오랜 세월 혼신의 노력을 기울여야 한다는 것이다.

이처럼 어떤 일을 이루는 데 있어 그만큼 노력이 중요함을 강조한 말이다. 사람의 소질과 능력이 다 똑같을 수는 없다. 사람마다 각각의 소질과 재능을 다르게 타고난다. 천재라고 하여 모든 분야를 다 잘하는 것은 아니다. 천재도 어떤 분야에는 초등학생보다 못 하는 것도 있다.

천재는 학교에서 전 과목을 다 잘해 1등을 한 사람이 아니다. 위대한 발명품을 만들어 낸 천재 중에는 학교 공부를 따라가지 못해 중도에 자퇴하거나 퇴학당한 사람도 있다.

수많은 발명품을 만들어낸 천재도 그것을 하루아침에 만든 것이 아니다. 하나의 발명품을 만들어내기 위해 수많은 시행착오와 실패를 겪으면서도 끝까지 포기하지 않았기 때문에 이룩한 것이다.

무엇이든 단시간에 이루어지는 것은 없다. 당장 눈에 보이는 성과가 없더라도 꾸준히 중단하지 말고 하다 보면 반드시 뜻을 이룰 것이다.

읽어도 머리에 남는 것이 없다고 생각되면 콩나물 법칙을 생각하라. 공부하는 것은 콩나물을 키우는 것과 같다. 콩나물은 콩을 시루에 넣고 물을 주어 키우는데, 시루 밑에 구멍이 뚫려 있어 물을 부으면 모두 밑으로 새어 시루에 남는 것이 없다. 그래서 언뜻 보기에는 콩나물이 자라지 못할 것 같지만 계속 주면 어느새 콩이 싹을 틔우고 시루보다 높게 훌쩍 자란다.

공부도 마찬가지다. 책을 읽으면 머리에 남는 것이 없는 것 같아도 계속 읽으면 자기도 모르는 사이 많은 것을 알게 된다.

무엇이든 알면 쉽고 모르면 어렵다. 학생들이 공부가 어렵다고 생각하는 것은 알려고 하지 않고 지레 어렵다고 여기기 때문이다.

세상에 쉽게 이루어지는 것은 없다.

낫과 호미도 뜨거운 불에 여러 번 달구어지고 쇠망치로 수백 번 얻어맞는 고통을 겪은 후에야 비로소 만들어진다.

조금씩 성적이 올라가면 기쁨을 느끼고 자신감이 생길 것이다.

　목적을 달성하는 데에는 시간과 연습, 그리고 인내가 필요하다. 조급한 마음을 버려야 한다. 지금까지 해온 습관이 하루아침에 바뀌지는 않는다. 꾸준히 노력하다 보면 자신도 모르는 사이 변해 있음을 발견할 수 있다.
　청소년기는 인생에서 가장 중요한 시기이다. 이때 무엇을 어떻게 하느냐에 따라 삶의 질이 달라진다.

　당신은 볼 수 있고, 들을 수 있고, 냄새를 맡을 수 있고, 맛을 볼 수 있고, 촉감을 느낄 수 있는 오감을 다 가지고 있으며, 걸어갈 수 있는 다리가 있고, 무엇이든 만들 수 있는 손이 있는데 무엇이 문제인가? 무엇이든 할 수 있는 조건을 다 가지고 있으면서도 하지 않는 것은 그대의 마음이 닫혀 있기 때문이다. 부정적인 생각이 그대의 능력을 누르고 있다.
　그 사람의 삶은 어떤 생각을 하고, 어떤 결정을 하고, 어떻게 행동하느냐에 달렸다.
　자기 인생은 자기가 만들어간다는 것을 잊지 말아야 한다. 인생에서 가장 중요한 시기를 헛되이 보내지 말아야 한다.

　본디 공부 못하는 학생은 없다. 공부를 하지 않는 것이다.
　공부 잘하는 학생이 공부하는 시간만큼 자신도 했는지 되돌아보라! 책상 앞에서 시간만 죽인다고 공부가 되는 것이 아니다. 눈은 활자 위에 있고 마음은 콩밭에 가 있다면 차라리 책을 덮어라. 그러한 마음으로 책상 앞에 아무리 오래 앉아 있어도 머리에 들어가는 것은 아무것도 없다. 그럴 바엔 책을 덮고 운동장을 몇 바퀴 돌고 와서 정신을 집중하여 다시 책을 펴라.

무엇인가 이루기 위해서는 돋보기로 햇빛을 모으듯이 정확한 초점을 맞추고 기다려야 한다. 태양열을 모아주면 그 빛은 어느 순간 불을 일으킬 정도로 강해진다. 사람의 집중력도 이와 같다.

공부는 몇 시간 동안 책상 앞에 앉아있느냐가 아니라 얼마나 집중해서 보았느냐가 중요하다. 공부하면서 하나하나 알아가다 보면 재미를 느끼고, 성취감을 느끼고, 희열을 느낄 수 있다.

사람은 누구나 자기 자신의 의사와는 상관없이 태어났듯이 죽음도 마찬가지로 자기의 의사와는 상관없이 때가 되면 반드시 죽게 된다. 이처럼 인생의 시작과 끝은 자신의 의사와는 상관없이 결정되는 것이지만, 그 사이에 있는 삶은 오로지 자신의 의지에 달려 있다.

옛 시조 중에 이런 시조가 있다.

태산이 높다 하되 하늘 아래 뫼이로다

오르고 또 오르면 못 오를 리 없건마는
사람이 제 아니 오르고 뫼만 높다하더라

　이 시조는 땀 흘려 노력할 생각은 하지 않고 이런저런 핑계만 대며 포기하는 사람들에게 충고하는 시조다. 어떤 일이든 쉽게 포기하거나 체념하지 말고 적극적으로 도전하라는 뜻이 담겨있다. 꾸준히 노력하면 이루지 못할 일이 없으니 목표를 향해 끈기를 가지고 도전하면 된다. 남보다 조금 뒤떨어지기는 했지만, 아직도 늦지는 않았다. 지금부터 하면 된다. 여기서 망설이면 정말 후회하게 된다.
　이렇게 장황하게 말하는 것은 청소년기가 인생에서 그만큼 중요한 시기이기 때문이다.
　학생의 본분이며 의무는 공부다.
　학생이 공부하지 않으면 어떻게 되겠는가? 시간이 남아돈다. 한창 혈기 왕성한 시기에 그 많은 시간을 집안에 가만히 앉아 그냥 보내겠는가? 점점 공부와는 거리가 먼 생각을 하게 되고, 행동하게 된다. 비슷한 생각을 하는 아이들과 어울리게 되고 그러다 보면 나쁜 길로 빠지게 된다.
　공부를 하지 않으면 학교로부터도 마음이 점점 멀어지게 되고, 교실에 앉아 있는 시간이 고역으로 여겨진다. 그것이 쌓이다 보면 결국 학교를 그만두게 되고, 어둠의 늪으로 빠져들게 된다.

인생은 연습이 없다.

오직 한 번뿐이고 지나간 세월은 다시 되돌아오지 않는다. 돈은 저축할 수 있어도 시간은 저축할 수 없다. 돈은 탕진했다가도 다시 벌 수 있지만 지나간 시간은 다시 가져올 수 없다. 소중한 시간을 소중하게 써라.

자신을 사랑하고 존중해야 한다.

자신을 사랑할 사람은 자신밖에 없다. 자신은 이 세상에 하나밖에 없는 소중한 존재다. 그 무엇과도 바꿀 수 없다.

공부를 못하는 아이들의 공통점은 스스로 「나는 못해」 「나는 안 돼」 「나는 할 수 없어」 하고 부정적인 자기암시에 빠져있다. 공부를 하다가 조금만 어렵고 모르는 문제에 부딪히면 「나는 역시 안 돼」 하고 또 부정적인 생각을 한다.

우선 자신의 의식부터 바꿔야 한다. 지금까지 부정적인 생각만 해 왔다면, 이제부터는 「나는 할 수 있다.」 「하면 된다.」는 긍정적인 생각으로 바꿔라. 긍정적인 생각으로 바꾼다면 이것만으로도 당신은 벌써 반은 이룬 셈이다.

반드시 1등 해야 할 필요는 없다. 누구나 다 일등 할 수도 없고, 그럴 필요도 없다. 모든 과목을 다 하기 어렵다면 자신의 적성에 맞는 과목만이라도 열심히 하면 된다. 학교 우등생이 모두 사회에서도 우등생이 되는 것은 아니다. 지금은 직업 다양 시대다. 계속 새로운 직업이 생겨나고, 그것으로 주목을 받는 사람들이 많다. 어느 한 분야에서 최고가 되면 그 또한 성공한 것이다.

오늘 할 일을 내일로 미루지 마라.

새로운 마음, 새로운 각오로 무엇을 하기로 했으면 바로 행동으로 옮겨라. 중도에 그만두지만 않는다면 반드시 이룰 것이다.

젊음의 불꽃은 도전과 창조의 불꽃이다.

젊음의 불꽃은 쇠를 녹여 필요한 것들을 만들어 내고, 도요에 불을 지펴 아름다운 도자기를 구워내듯이 무엇이든 만들어 낼 수 있는 힘이 있다.

오늘 내가 무엇을 어떻게 하느냐에 따라 내일의 내가 결정된다.

학교 공부는 자신이 평생 살아갈 삶의 기초를 다지는 일이니 소홀히 해서는 안 된다.

시간을 아껴 써라.

시간은 자기에게 주어진 목숨이다.

무가치한 일에 자신의 삶을 낭비하지 마라.

성장은 탈피의 과정을 거쳐야

모든 생명체는 탈피의 과정을 거치며 성장한다. 인간도 예외가 아니다. 탈피의 대표적인 생명체는 곤충이다. 곤충은 여러 단계를 거치며 성장하는데, 단계마다 모습이 완전히 달라진다. 이른바 변태동물이다. 그중에서 변하는 과정을 가장 가까이에서 처음부터 끝까지 자세히 볼 수 있는 것은 누에다.

가끔 TV 화면에 누에 기르는 모습이 나오면 무척 반갑고, 어릴 적 누에 기르던 생각이 난다.

인간이 누에를 치기 시작한 것은 정확한 기록은 없지만 4,600년 전 중국에서 시작된 것으로 추정하고 있다.

우리나라는 3,000년 전으로 추정한다. 1962년부터 1976년까지 15년간은 우리나라 양잠의 전성기였다. 1977년부터 침체기에 접어들었고, 1990년 이후 양잠사업은 그 본질이 바뀌었다. 고치를 생산하여 생사를 제조하기 위한 것이 아니라 약용으로 하는 것을 목적으로 함으로써 우리나라 양잠사업은 일대 변혁을 가져오게 되었다.

 탈피의 대표적인 생명체인 누에의 성장과 탈피 모습을 살펴보며 인간의 삶과 연계해 보고자 한다.
 누에는 피부의 감촉이 아주 부드럽고 느낌도 좋다. 벌레이지만 벌레라는 생각도 들지 않고 징그럽다는 생각도 들지 않는다. 우리에게 돈을 벌어준다는 생각 때문이기도 하겠지만 부드러운 감촉은 여느 벌레와는 확실히 다르다.
 누에는 알에서 깨어나 네 번에 걸쳐 잠을 자고 탈피하며 성장하게 된다. 알에서 갓 깨어난 것을 1령이라 하고 넉 잠을 자고 나면 5령이 된다.
 누에가 한 단계 더 성장하기 위해 탈피할 때마다 잠자는 모습은 마치 무아지경에 이른 수도자의 모습과 같다. 수만 마리의 누에가 같은 시간대에 먹기를 중단하고 일제히 머리를 쳐든 채, 가슴마디에 있는 세 쌍의 다리를 한데 모으고 기도하는 자세로 만 하루 동안 꼼짝도 하지 않는다. 그 모습을 보고 있노라면 경건함을 넘어 신비감이 느껴진다. 이때가 탈피의 준비 기간이며, 그렇게 하루가 지나면 껍질 속에서 새 껍질이 생기고 헌 껍질을 벗어버린다.
 이렇게 수도자와 같은 자세로 단식과 기도의 과정을 겪고 새 옷으로 갈아입은 누에는 더욱 왕성하게 뽕잎을 먹고, 더욱 빠른 속도로 자란다.

　사람도 곤충처럼 눈에 보이지 않을 뿐이지 묵은 피부가 떨어져 나가고 새로운 피부가 계속 만들어진다.

　성장에는 육체적인 성장과 정신적인 성장이 있다. 사람은 생각하는 동물이기 때문에 다른 동물처럼 육체의 성장만으로는 완전한 성장이라고 볼 수 없다. 더 성숙한 삶을 위해서는 육체적인 성장과 정신적인 성장이 함께 이루어져야 한다.

　육체적인 성장은 시간이 흐르면 절로 이루어질 수 있지만, 정신적인 성장을 위해서는 부단한 노력이 있어야 한다.

　누에는 알에서 나와 네 번의 탈피를 거쳐 마지막 단계인 번데기가 되기 위해 제 입으로 실을 뽑아 자신을 보호할 부드럽고 안전한 집을 짓는다. 이것을 고치라고 하며 집짓기를 마친 누에는 고치 속에서 또 한 번의 탈피를 하여 누에와는 완전히 다른 모습으로 변한다. 다리가 모두 없어지고 크기도 누에보다 훨씬 작은 번데기로 변한다.

　누에가 저 스스로 만든 고치 속에 들어가는 것을 갇힌다고 말하는 사람도 있는데, 그것은 갇히는 것이 아니라 아무런 방어능력이 없는 번데기 상태에서 천적으로부터 자신을 보호할 수 있는 최선의 방책이다. 누에의 지혜가 오히려 감탄스럽다. 이 과정이 날개를 달 수 있는 마지막 탈피과정이다.

　모든 번데기의 소망은 무사히 우화羽化하는 것이다.

어두운 고치 속에서 일정 기간 먹지도 않고 기도하면 마침내 나방이 되어 밝은 세상에 나오게 된다.

번데기는 고치 속에서 마지막 탈피를 마치고 나방이 되어 스스로 고치를 뚫고 나온다. 나방이가 스스로 두꺼운 고치를 뚫고 나오는 것도 신비롭고, 나오자마자 날개가 커지는 모습이 눈에 보일 정도로 빠른 것도 신비스럽다. 그것을 보고 있으면 생명의 신비감을 느끼지 않을 수 없다.

고치에서 나온 나방은 생의 마지막 배변을 하고, 교미와 산란을 마친 후 여러 과정을 거치며 살아온 생을 마감한다.

누에나방은 날개가 있어도 나비나 다른 나방처럼 광대한 창공을 훨훨 날아보지 못하고 생을 마감하는데, 그것이 너무 안타깝다. 알에서 나와 다시 알만 남기고 간다.

이처럼 미물인 누에도 좀 더 완숙한 모습으로 성장하기 위해서는 옆에서 지켜보는 사람들조차 경건한 마음을 갖게 하는 인고의 과정을 겪는데, 하물며 사람은 더 말해 무엇하랴.

사람도 어떤 변화와 성장을 가져오기 위해서는, 누에가 묵은 허물을 벗고 새 허물을 만들어 내기 위해 치르는 과정과 같은 인고의 세월을 이겨내어야 한다.

이 세상에 노력 없이, 고통 없이 이루어지는 발전은 아무것도 없다. 온전한 성충이 되어 환희의 날개를 펴기 위해서는 여러 차례의 탈피과정을 무사히 치러내야 한다. 탈피에 성공하지 못하면 죽거나 살아도 온전한 삶을 누릴 수 없다.

　동물은 육체적인 탈피만 잘하면 되지만 사람은 몸집만 커진다고 완전한 성장이라고 볼 수 없다. 몸집과 함께 의식도 성장하여야 한다.

　육체의 껍질과 함께 마음의 껍질, 의식의 껍질도 벗겨 내야 진정한 성장이 이루어진다. 몸은 성인인데 의식이 아직 초등학생에 머물러 있다면 이는 불완전 성장이다.

　누에가 알에서 깨어나 우화하기까지의 과정을 지켜보면서 인간이 배워야 할 점이 많다는 생각이 들었다. 성장하는 단계마다 보는 이의 옷깃을 여미게 하는 거룩한 모습은 앞만 보고 너무 빨리 내달리는 오늘의 우리에게 시사하는 바가 크다.

　누에가 탈피를 위해 하는 기도의 모습을 돌이켜 생각하니 나도 모르게 두 손이 모아진다.

사라진 내 고향

고향. 자기가 태어나서 자란 곳.

고향은 어머니의 품속 같은 곳이다.

누구나 나고 자란 고향이 있지만, 도시에서 나고 자란 사람은 고향에 대한 향수를 느끼지 못한다. 고향에 대한 그리움과 향수를 느끼려면, 시골에서 태어나 유년시절을 고향에서 보내며 고향에 대한 특별한 애정과 추억이 있어야 한다.

내가 어릴 때 살던 고향은 거리상으로는 지척에 있지만 돌아갈 수 없다.

시멘트 공장이 들어서면서 석회석 채광으로 인해 마을 전체가 폐허가 되었다. 마을 사람들이 살던 집들은 모두 흔적도 없이 사라지고, 농사를 짓던 논밭은 커다란 석회석 덩어리가 뒹굴고, 아름답던 산은 깎여 아주 사라지거나 일부가 잘려나갔다.

일 년 내내 물을 안고 돌아가며 마을의 곡식을 찧던 물레방

아도 흔적 없이 사라졌다.

　땅속에 묻혀있는 광물을 캐내는 광산은, 산에 구멍을 뚫어 대장 내시경이 암 덩어리를 찾듯 광맥을 따라 꼬불꼬불 돌며 캐내기 때문에 겉보기에는 산이 멀쩡해 보인다. 하지만 시멘트의 주원료인 석회석을 캐는 광산은 산의 껍질을 귤껍질 벗기듯 모두 벗겨 내고, 산의 뼈와 내장까지 모두 들어내어 산 자체가 사라지게 만든다.

　내가 살던 마을은 오래전부터 몸살을 앓아왔다. 일제 강점기에는 철광석 채굴로 산 여기저기 구멍이 뚫렸고, 시멘트 공장이 들어오면서 산이 아예 통째로 사라졌다.

　나는 50년 만에 어릴 적 살던 집터를 찾아갔다. 석회석 채석장이 들어오면서 집이고 밭이고 산이고 모두 헤집어 놓아 마을 모양이 완전히 바뀌었다. 따라서 내가 살던 집이 어디에 있었는지 정확한 위치를 알 수가 없었다.

　모든 것이 변하여 옛 모습이 보이지 않으니 많이 낯설게 보였다. 개울도 옛 모습이 아니었다. 깊던 곳이 메워지고, 전에 있던 눈에 익은 바위들은 없어지고, 낯선 바위들이 턱 하니 그 자리를 차지하고 있었다. 모든 것이 낯설다. 개울이 이렇게 망가진 것은 2002년 영동지방에 큰 피해를 준 태풍 「루사」의 소행인 것 같다.

예전에는 이 개울에 물고기가 많았다. 종류도 많았고 숫자도 많아 매년 여름이면 동네 사람들이 천렵하여 어죽을 끓여 먹었는데, 지금은 버들치 몇 마리만 방문객의 눈치를 살피고 있다.

개울은 아이들이 물장구도 치고, 물싸움도 하고, 고기도 잡아 고무신에 담아놓아야 생기가 도는데, 아이들이 같이 놀아주지 않으니 생기도 없어 보이고 외롭고 쓸쓸해 보였다.

옛 기억을 더듬어 개울로 내려가니 어렸을 적에 멱 감고 놀던 용바위가 쓸쓸하게 자리를 지키고 있었다. 용바위 옆에 큰 나무가 있었는데 지금은 보이지 않는다. 태풍에 부러졌는지 아니면 나무가 늙어 저절로 부러졌는지는 알 수 없지만 흔적 없이 사라졌다.

어렸을 적에 보던 나무 중에 보이지 않는 나무도 많고, 없던 나무가 새로 자란 것도 많다. 용바위를 기준으로 방향과 거리를 가늠해보니 살던 집의 위치를 대충 짐작할 수 있었다.

용바위 위쪽 언덕에 고목이 된 밤나무 한 그루가 초라한 모습으로 제자리를 지키고 있다. 어렸을 적에 밤을 주워 먹던 밤나무다. 당시에는 밤이 알도 굵고 맛도 좋고 많이 달렸었다. 그러나 지금은 나무가 너무 늙어 밤이 한 송이도 달리지 않았다.

탐스런 열매를 많이 맺고 싱싱하던 나무도 세월 앞에서는 어쩔 수 없이 초라해지는구나! 나무이지만 그 모습을 바라보고 있자니 세월의 무상함이 새삼 느껴졌다.

밤나무 밑을 살펴보아도 알밤은 한 톨도 보이지 않고 주변에서 꿀밤 떨어지는 소리만 들렸다.

가을이면 아이들에게 굵은 알밤을 아낌없이 내어주던 밤나무가 이토록 망가진 것은 세월의 영향 못지않게 환경의 영향도 컸을 것이다. 함께 살던 정든 사람들은 모두 떠나고 채석장에서 밤낮으로 들려오는 기계 소리와 지축을 흔드는 발파소리, 날아드는 돌덩이로 얼마나 많은 스트레스를 받았을까. 사람만 스트레스를 받는 것이 아니라 나무도 스트레스를 받는다.

밤낮으로 울려대는 기계 소리와 지축을 흔드는 발파소리에 시달려 더 빨리 병든 것이 아닌지 모르겠다. 마을이 예전대로 있었으면 밤나무 신세가 이 정도로 망가지지는 않았을 거라는 생각이 든다.

내가 살던 집터에는 크고 넓적한 바위가 버티고 있었다. 전에 없던 낯선 바위다. 나는 전에 없던 낯선 바위에 걸터앉아 타잔처럼 시간의 밧줄을 타고 어린 시절로 돌아가 그때를 회상했다.

석회석 채석장이 들어오면서 마을 사람들은 살길을 찾아 고향을 버리고 제각각 흩어졌다.

　인심 좋던 마을 사람들은 모두 어디에서 어떻게 살고 있을까? 날아드는 돌조각에 쫓겨 각자 살길 찾아 헤어진 지 50년. 당시 어르신들은 이미 모두 불귀의 객이 되었을 것이다. 아이들이 벌써 노인이 되었으니까.

　나는 사라진 내 고향을 잊을 수 없다.

　내 고향 산은 내 발길이 닿지 않은 곳이 없다. 꼴 베고 나무하러 다니기도 하였지만, 그보다 약초 캐러 다니면서 더욱 가까워졌다. 약초를 캐기 위해 가시덤불을 헤치고 들어가기도 하고 위험한 벼랑 꼭대기도 오르내렸다.

　그처럼 나와 함께했던 산이 지금은 흔적도 없이 사라져 그 마을을 지날 때마다 가슴이 아리다.

　나 어릴 적 살던 옛 모습은 어디에서 찾을까. 정이란 사람과 사람 사이에만 있는 것이 아니다. 사람과 자연 사이에도 있다. 그래서 정든 마을이니, 정든 고향이니 하는 말이 생긴 것이다.

　고향이 그리운 것은 고향에 있는 사람만 그리운 것이 아니라 고향 산천도 함께 그리운 것이다. 아니, 어쩌면 사람보다 산천이 더 그리운지도 모른다. 그래서 고향에 대한 향수도 도시에서 태어난 사람보다 시골에서 태어난 사람이 더 깊게 느끼고 젖어든다. 친구들과 어울려 자치기를 비롯한 각종 놀이를 하고, 개울에서 멱 감으며 물장구도 치고, 물싸움도 하고, 고기도 잡던 추억이 있기 때문에 그립고 보고 싶은 것이다.

　몸도 마음도 아팠던 그 시절, 괴로움으로 얼룩진 시절이었는데 그때가 그리워지는 것은 무엇 때문일까? 사람은 누구나 나이가 들면 지나간 세월이 그리워지나 보다.

감사합니다

나는 매일매일 부활한다. 지난밤에 죽었다가 오늘 아침에 부활한다. 잠에서 깨어나지 못하면 죽은 것이다. 아침에 아무 탈 없이 일어나는 것에 감사한다. 오늘도 후회하지 않는 하루가 되게 살아야지. 저녁에 잠들었다가 일어나지 못하는 사람도 있는데, 아침에 무사히 일어나는 것이 얼마나 감사한 일인가.

창문으로 새벽하늘을 쳐다보니 샛별이 나를 보고 윙크한다.

무슨 말을 하려는 것일까? 간밤에 잘 잤느냐는 아침 인사인가. 밤사이 무사했음을 축하하는 반가움의 미소인가.

날이 밝아옴에 따라 샛별은 점점 빛을 잃어간다. 야근을 했으니 피곤하고 잠이 오는가 보다. 잘 자라. 너는 지금부터 잠잘 시간이다.

우리 집은 명당 중의 명당이다.

집은 바람과 햇빛과 달빛이 마음대로 드나들 수 있는 것이 좋다. 이들은 건강과 행복을 가져다준다. 우리 집은 동남향이라서 아침에는 앞창으로, 저녁에는 뒤창으로 햇빛이 들어온다.
 겨울이면 따사로운 햇살이 집안 깊숙이 들어온다.
 겨울 햇살은 추위만 녹여주는 것이 아니라 사람의 마음도 따스하고 넉넉하게 해준다. 이처럼 겨울에 따사로운 햇살이 집안 깊숙이 들어오는 것에도 감사한다.
 걸어서 5분이면 산에 발을 들여놓을 수 있고, 15분이면 바닷물에 손을 담글 수 있다. 뿐만 아니라 시청을 비롯한 모든 관공서와 은행, 마트도 가까이에 있어 10분이면 걸어갈 수 있다. 또 아파트 앞뒤에 나지막하면서도 나무가 울창한 산이 있어 방안에서도 계절의 변화를 볼 수 있고 직접 숲에 들어가 자연을 즐길 수도 있다.
 이처럼 방안에서 계절의 변화를 보고 느끼고 감상할 수 있음에 감사한다.

 나는 오감이 살아 있음에 감사한다.
 볼 수 있고, 들을 수 있고, 냄새를 맡을 수 있고, 맛을 볼 수 있고, 촉감을 느낄 수 있는 오감을 다 가지고 있다는 것은 얼마나 감사한 일인가.
 내 발로 걸을 수 있고, 내 눈으로 볼 수 있고, 내 귀로 음악을 들을 수 있음에 감사한다. 책을 읽을 수 있고 지금 이렇게 글을 쓸 수 있음에 감사한다.

우리는 내 주변에 있는 것들을 잃은 후에야 그것의 소중함을 깨닫는다. 가까이 있을 때 고맙고 감사한 마음을 전해야 한다.

나는 사계절이 뚜렷한 이 땅에 태어난 것을 감사하게 생각한다. 여름만 있는 땅, 겨울만 있는 땅은 상상만 해도 땀이 나고 몸이 얼어붙는다.

5월의 싱그러운 숲 속에서 맑고 아름다운 꾀꼬리 노랫소리를 들을 수 있음에 감사한다.

꾀꼬리 소리가 더 아름답고 정답게 들리는 것은 연중 계속 들을 수 있는 소리가 아니기 때문이다. 매년 싱그러운 5월이 되어야 내가 다시 왔노라고 맑고 고운 목소리로 인사하기 때문이다.

하루 세끼 맛있고 배부르게 먹을 수 있는 먹거리를 만들어 준 모든 분께 감사한다. 우리가 한 끼 식사를 할 때, 그것이 내 앞에 있는 식탁 위에 올라오기까지에는 수많은 사람의 땀과 정성이 들어 있다. 그러니 한 끼 밥을 먹을 때도 늘 감사한 마음으로 먹는다.

혹자는 내 돈으로 사 먹는데 내가 왜 그들에게 감사해야 하느냐고 반문할 수도 있겠으나, 그것은 너무 이기적이고 좁은 생각이다.

작은 것에도 감사하는 마음을 가지면 모든 것이 감사하고, 그까짓 것 뭐가 감사해, 하는 마음을 가지면 세상에 감사할 것은 아무것도 없다.

감사합니다, 고맙습니다, 하는 말을 자주 할수록 감사하고 고마운 일이 많이 생긴다.

나는 유년시절 몹시 어렵게 살면서 크고 중요한 것을 얻었다. 그것은 작은 것에도 고마워하고 만족할 줄 아는 마음이다. 그래서 지금은 부러운 것이 없다. 아니, 부러워하지 않기로 했다.

감사는 어디에 있나요? 누가 주나요? 가게에서 살 수 있나요? 감사는 누가 주지도 않고 팔지도 않고 내 안에 있어요. 감사는 행복이라는 친구와 함께하지요. 감사와 만족과 행복은 하나랍니다.

살면서 감사한 일, 감사한 사람이 많지만 그중에서 가장 감사한 사람은 항상 옆에 같이 있고 하루 세끼 제시간에 밥을 챙겨주는 아내입니다.

토끼의 특별한 생활

싱그러운 5월.

꽃이 지나간 자리에 초록이 눈부시다.

전원생활을 접고 시내에 내려와 아파트 생활을 한 지도 2년이 지났다.

오늘도 맑고 상쾌한 날씨가 나를 유혹한다.

유혹에 약한 나, 산중 나그네의 발길은 앞산으로 향했다. 산 입구에 들어서니 까치가 경쾌한 목소리로 아침 인사를 하며 반긴다. 까치 소리는 언제 들어도 맑고 경쾌하다. 항상 긍정적이고 걱정근심도 없어 보인다. 좀 더 들어가니 꾀꼬리도 아름다운 목소리로 아침 인사를 한다. 까치와 꾀꼬리의 아침 인사를 받으니 기분이 좋아지고 입가에 미소가 절로 번진다.

그런데 숲 속의 분위기에 맞지 않게 공중에서는 까마귀가 원을 그리며 탁한 소리로 울고 있다. 사람들은 까마귀의 울음소리를 들으면 재수 없다며 침을 뱉는다. 까마귀는 색이 검은

데다 음산한 울음소리, 떼거리로 동물의 사체 주위를 맴도는 행위들이 기분 나쁘게 느껴지기 때문이다. 그러면서도 한편으로는 까마귀를 칭찬하며 효의 본보기로 삼기도 한다.

까마귀는 새끼가 자라서 먹이를 물어다가 늙은 어미에게 먹인다고 알려져 있으며 이것을 「반포反哺」라고 한다.

자식이 자라서 자신을 길러준 어버이의 은혜에 보답하는 효성을 반포지효라고 한다. 싫어하면서도 효의 상징으로 삼는 묘한 새이다. 요즘 까마귀의 숫자가 줄어서 그런지 사람의 효심도 줄고 있다.

새들의 아침 인사를 받으며 야생화 체험공원으로 갔다. 이 공원은 가운데는 잔디가 심어져 있고, 그 주변에는 야생화가 자라고 있다. 공원은 길쭉하게 생겼는데 잔디가 심어져 있는 부분은 한반도 지형처럼 생겼다.

공원에는 두 마리의 토끼가 살고 있다. 두 마리 모두 진한 회색이다. 그중 한 마리는 코 주위와 오른쪽 앞다리가 흰색이라서 서로 구별할 수가 있다. 토끼는 사람들이 가까이 다가가도 도망가지 않고 때로는 사람에게 다가오기도 한다. 마치 먹을 것을 가지고 왔으면 빨리 내놓으라고 하는 것 같았다. 사람들이 가끔 토끼가 좋아하는 풀을 가져다주기도 한다.

체험공원에는 가끔 어린이들이 현장 체험학습을 나오기도

하는데 토끼와 어린이는 잘 어울리는 풍경이다.

두 마리의 토끼는 각자 자기 생활구역이 다르다.
처음에는 별생각 없이 지켜보았다. 그러나 몇 번 보고 나서 특이한 점을 발견했다.
토끼도 자기가 살고 있는 이 땅, 대한민국의 분단 현실을 알고 있는 듯 한반도 모양인 공원 잔디밭의 중간을 경계로 하여 한 마리는 위쪽에, 한 마리는 아래쪽에 있다. 그래서 토끼의 생활을 갈 때마다 관심을 가지고 지켜보았다. 혹시 위치를 바꾸거나 어느 한 쪽에 같이 있기도 하는지 보기 위해서다. 2년 동안 관심을 가지고 보았는데도 위치를 바꾸거나 한쪽에 같이 있는 것을 보지 못했다.
우연의 일치치고는 많은 것을 생각하게 하는 모습이다.
그렇다고 아주 만나지 않는 것은 아니다. 가끔 만나는 것을 볼 수 있다. 그 만나는 장소는 위쪽도 아니고 아래쪽도 아닌 항상 중간지점에서 만난다. 만나서는 반가운 듯 서로 이마를 맞대며 코를 벌름거리기도 하고, 장난을 치며 다정한 모습을 보인다. 만났다 헤어질 때도 위치가 바뀌는 경우는 한 번도 없었다. 만남이 끝나면 각자 자기 위치로 돌아간다. 마치 남북 이산가족이 상봉하는 것 같기도 하고, 견우직녀가 만나는 것 같기도 하다.

토끼가 하루에 한 번 만나는지 며칠에 한 번 만나는지, 또는 하루에 여러 번 만나는지는 알 수 없다. 내가 그곳을 지나는 시간과 토끼가 만나는 시간이 항상 일치하는 것은 아니니까.

오늘이 상봉하는 날인지 두 마리가 함께 있다. 바위 사이를 오가며 서로 몸을 부딪는 모습이 퍽 다정해 보인다.

토끼가 한 쌍인지 어떤지는 내가 토끼의 바지를 벗겨보지 않아 알 수는 없지만 만날 때마다 서로 다정한 모습을 보였다.

따로 살아도 토끼가 사람보다 나아 보인다. 토끼는 그나마 며칠에 한 번씩이라도 만나고 있지만, 사람은 만남이 끊긴 지 오래다.

동식물의 상부상조

　동물이나 식물이나 혼자서는 살 수 없다. 각자 독립된 개체로 혼자 힘으로 살아가는 것 같지만 서로 도움을 주고받으며 살아간다. 동물과 동물, 식물과 식물의 관계보다 동물과 식물, 식물과 동물의 관계가 더 돈독하고 많은 도움을 주고받는다.
　식물이 종종 번식을 위해서는 먼저 벌 나비의 도움이 필요하고, 벌 나비도 생명을 유지하고 종족을 번식하기 위해서는 꽃의 꿀이 필요하다.
　또 식물은 자신의 씨앗을 멀리 퍼뜨리기 위해 열매에 달콤한 과즙을 만들어 새들을 불러들인다. 새들은 그 열매를 따 먹고 소화되지 않은 씨앗을 여기저기 배설해 놓는다. 그러면 배설된 씨앗은 싹이 트고, 자라고, 꽃이 피고, 다시 열매를 맺어 영역을 넓혀 나간다.
　어떤 식물은 베풀지 않고 무임승차로 영역을 확장하기도 한다. 씨앗을 동물의 몸에 달라붙게 하여 멀리 보내기도 하고, 바람을 이용해 멀리 보내기도 한다. 나름대로 영역을 넓히며 살아가는 방법은 다 가지고 있다.

　상부상조의 기본이며 가장 위대한 동반자가 꽃과 벌 나비이다.

　겨울이 끝날 무렵이면 벌의 양식인 꿀도 다 떨어져 간다. 벌과 불가분의 관계에 있는 식물은 이러한 사정을 알고 추위에도 불구하고 잎보다 먼저 꽃을 피워 벌이 굶어 죽지 않도록 배려한다.

　뿐만 아니라 늦가을 찬 서리를 맞으며 피는 꽃도 있다. 이것도 벌을 위한 꽃의 배려다. 꽃은 아직 눈이 채 녹지 않은 이른 봄부터 찬 서리가 내리는 늦가을까지 계속 핀다. 이처럼 꽃이 이른 봄부터 늦가을까지 고루 피는 것은 상생이고 조화이며 배려다. 더 크게 보면 자연의 거룩한 조화이며 배려다.

　꽃과 벌은 영원한 동반자다. 따라서 꽃은 동반자인 벌을 위해 추위도 견디고, 더위도 견디며 꽃을 피운다.

　눈 속에 피는 꽃과 찬 서리 맞으며 피는 꽃을 보고 너는 그때 그렇게 피는 꽃이니까 피겠지, 하고 무심히 보아 넘길 수도 있다. 그러나 다시 생각하고 자세히 보면 추위를 견디느라 힘들어하는 것을 느낄 수 있고, 자기만을 위한 것이 아님을 알 수 있다.

　이른 봄에 양식이 떨어진 벌을 위해 일찍 꽃을 피우는 나무의 숭고한 배려는 인간이 본받아야 할 최고의 교훈이며 사랑이다.

만약 꽃이 자신만 생각하고 따뜻한 봄에만 핀다면 벌만 죽는 것이 아니라 씨앗을 맺지 못한 식물도 결종하고, 풀을 먹고 사는 초식동물이 사라지고, 이어서 육식동물이 사라지면 지구 상의 모든 동식물이 사라지게 된다.

벌은 꽃이 간직하고 있는 꿀을 모두 따지는 않는다. 꽃마다 다니며 조금씩 따고 다른 벌이 딸 꿀을 남겨 놓는다. 벌은 나만이 아니라 다 함께로 살아간다.

벌은 지구 상에서 가장 위대한 존재다.

벌이 없으면 식물도 동물도 인간도 살아갈 수 없다. 벌은 식물에게 사랑을 맺어주고, 식물은 꿀로 보답한다. 식물이 있으므로 초식동물이 살아가고, 초식 동물이 있어야 육식 동물이 살아가고, 식물과 동물이 있어야 인간이 살아간다.

사람이 먹는 곡식은 물론 초식 동물이 먹는 풀들은 벌이 열심히 사랑을 맺어주지 않으면 불가능하다.

자연은 자연의 품속에서 숨 쉬고 있는 모든 생명체가 살아갈 수 있도록 세심한 배려를 아끼지 않는다.

모든 진리와 지혜는 자연에 있다. 오만한 인간은 자연에서 배우려고 하지 않고 자연을 지배하려고만 한다.

굴뚝새

2023년 가을 어느 날, 천곡천연동굴 자연학습체험공원 돌리네 탐방로를 걷고 있는데 작고 검은 생명체 하나가 탐방로 밑으로 들락거렸다. 오랜만에 보는 생명체다. 그것은 어디에서나 쉽게 볼 수 없는 굴뚝새였다. 굴뚝새를 보는 순간 오랫동안 소식을 모르던 친구를 만난 것처럼 반가웠다.

얼마 만에 보는 굴뚝새인가. 아주 사라진 줄 알았던 굴뚝새를 보니 너무나도 반가웠다.

굴뚝새는 잠시도 가만있지 않고 계속 움직였다. 반가운 마음에 기념사진을 한 장 찍으려고 했으나 굴뚝새는 모델이 되어줄 생각이 없는지 탐방로 속으로 들어가더니 한 참이 지나도 나오지 않았다.

나는 정말 반가운데 굴뚝새는 전혀 반갑지 않은 모양이다. 아니면 부끄러워서 그런가? 사진 한 컷 찍을 기회도 주지 않네.

굴뚝새는 혼자서 낮은 곳으로 다니며 있는지 없는지 모르게 조용히 살아간다. 개체 수도 적고, 다른 새들처럼 크고 우아하게 생기지도 않았고, 고운 목소리를 가지지도 않았고, 낮은 데로만 조용히 다녀 사람들 눈에 잘 띄지 않기 때문에 사람들의 기억에 별로 없는 새다. 외롭고 고독해 보이는 새다.

굴뚝새는 이름이 특이하고 재미있다. 그 많은 이름 중에 왜 굴뚝새라고 부를까. 굴뚝처럼 몸이 검어서일까, 아니면 늘 굴뚝 주변을 맴돌며 굴뚝 속을 들락거려서 붙여진 이름일까. 그도 아니면 꽁지가 굴뚝처럼 위로 뻗쳐서일까. 어쨌든 굴뚝과 밀접한 관련이 있는 것만은 분명해 보인다.

오랜만에 말없이 낮은 곳만 기웃거리는 굴뚝새를 보니 잠자던 기억이 살며시 고개를 들었다.

어릴 적에는 집 주변을 맴도는 굴뚝새를 자주 볼 수 있었다.

여름에는 주로 산지에서 생활하고 겨울에는 인가 주변에서 살아간다. 일반적으로 갈색인데 겨울철 시골집의 굴뚝 주변을 맴도는 굴뚝새는 검은색이 짙다.

굴뚝새는 혼자서 독립적으로 생활하는 작은 새로, 움직임이 매우 활발하고 민첩하며 잠시도 가만있지 않는다.

요즘은 시골집에도 굴뚝을 찾아보기 어렵게 되었다. 부엌도 현대식 주방으로 바뀌고 난방도 보일러토 바뀌어 나무를 때는 아궁이를 보기가 어렵다. 굴뚝 주변을 삶의 터전으로 삼았던 굴뚝새가 지금은 어디에서 살고 있을까.

굴뚝새는 높이 날지 않는다. 거의 바닥을 기다시피 낮고 짧게 난다. 아주 조용히 낮게 움직이며 살아가는 새다.

굴뚝이 있는 집주변을 맴돌며 무엇을 찾기라도 하듯 굴뚝 속을 들락거리고, 울타리 사이를 드나들고, 가끔 부엌도 들여다보고, 마구간도 들여다보고, 변소도 들여다본다. 겨울철에는 거의 인가 주변에서만 생활하며 생활 반경이 그리 넓지 않다. 또한, 소리도 거의 내지 않는다.

굴뚝새는 소리 없이 너무 조용히 다녀 소리를 내지 못하는 벙어리가 아닌가 하는 생각을 하게 된다. 그러나 벙어리는 아니다. 가끔 아주 작은 소리로 자신의 존재를 알리기 때문에 귀를 기울여 듣지 않으면 들을 수 없다.

굴뚝새는 거의 혼자서 조용히 다니는데, 짝인지는 몰라도 가끔 두 마리가 함께 다닐 때도 있기는 하지만 흔치는 않다.

굴뚝새와 대조를 이루는 새는 참새다. 참새는 떼거리로 몰려다니며 잠시도 조용히 있지 않는다. 무슨 할 이야기가 그리 많은지 쉴 새 없이 재잘거린다. 시끄럽다고 느껴지기까지 하다. 몇 시간씩 재잘거리다가 헤어지면서 하는 인사가 못다 한 이야기는 집에 가서 전화로 하잔다.

굴뚝이 사라지니 굴뚝새 보기도 어렵다.

굴뚝새는 「나 아직 살아 있소.」하듯이 딱 한 번 모습을 보이고는 종적을 감추었다. 내 눈에 뜨이지 않는다고 그 새가 없어진 것은 아닐 것이다. 그 부근 어딘가에 있다고 해도 워낙 조용하게 움직이고, 또 내가 그곳에 가는 시간에 반드시 나오는 것도 아니니까.

많지는 않지만 아주 사라지지 않고 살아있다는 것만으로도 반갑다. 어릴 때 흔히 보던 동물 중에 지금은 볼 수 없는 동물도 있으니 말이다.

환경에 민감한 동식물은 변하고 망가진 환경에 적응하지 못해 다른 곳으로 가거나 아예 사라지기도 한다. 안타까운 일이다.

조용히 굴뚝 주변을 맴돌던 굴뚝새, 굴뚝이 사라진다고 너마저 사라지면 안 된다. 부디 우리 곁을 떠나지 않기를 바란다.

남성의 꽃

제목만 보고도 의문과 반론을 제기하는 분들이 많을 것이다. 꽃에 무슨 남성이 있고 여성이 있느냐고. 물론 공식적으로 구분해 놓은 것은 없다.

꽃은 종류도 많고 모양도 다양하고 향기도 다르다. 또한, 피는 시기도 다르다. 아직 눈도 채 녹지 않은 이른 봄부터 찬 서리가 내리는 늦가을까지 계속 이어진다.

사람들은 꽃을 여성에 비유하고 벌과 나비를 남성에 비유한다. 꽃은 그 모양이나 향기로 볼 때 분명 여성적이라고 할 수 있다.

그러나 여느 꽃과는 꽃의 모양이 다르고, 향기가 다르고, 열매도 독특한 꽃이 있다.

이제 남성의 꽃을 찾아 떠나보자.
2월에 피는 꽃도 있지만, 본격적으로 피는 시기는 3월이다.

매화, 개나리, 동백, 산수유를 시작으로 진달래, 벚꽃, 복숭아꽃, 살구꽃, 배꽃으로 계속 이어진다.

  코가 가장 즐거운 달은 5월이다. 5월은 아카시아 세상이다. 달콤한 아카시아 꽃향기는 휘발성이 강해 넓은 공간을 날아다닌다. 인근 산에서 날아온 향기가 온 시가지를 덮는다. 나는 당뇨 때문에 입으로는 단맛을 마음 놓고 즐길 수 없지만, 산길을 걸으면서 온갖 꽃들이 주는 달콤하고 그윽한 향기를 코로 마음껏 맛보고 있다. 그 향기의 여운은 입으로 느끼는 맛보다 오래간다.

  감꽃, 찔레꽃, 인동꽃도 5월에 핀다. 찔레꽃과 인동꽃 향기도 달콤하고 진하다.

  6월에도 꽃이 핀다. 6월에 피는 대표적인 꽃이 뭘까?

  6월에는 하지가 있어 낮이 가장 길고 양기가 가장 왕성한 달이다. 연중 양기가 가장 강한 6월에 피는 꽃 중에 남성의 꽃이 있다.

  양의 기운이 최고조에 달한 6월의 왕자 꽃.

  그것은 바로 밤꽃이다.

  다른 꽃들은 여성의 꽃인데 밤꽃은 남성의 꽃이다.

  밤꽃은 여느 꽃들과는 분명히 다르다. 꽃의 모양이 다르고, 향기가 다르고, 열매도 독특하다.

「꽃」하면 가장 먼저 떠오르는 단어가 「아름답다」「향기롭다」이다. 그렇다. 모든 꽃은 아름답고 향기롭다. 그런데 밤꽃을 보고 아름답다고 느끼는 사람이 얼마나 되겠으며, 밤꽃의 냄새를 달고 향기롭다고 느끼는 사람이 얼마나 되겠는가?

다른 꽃들은 예쁜 꽃잎을 피우고 달콤한 향기를 풍기는데, 밤꽃은 삽살개 꼬리처럼 길게 피고 냄새도 분명 꽃에서 나는 향기이기는 한데 향기라고 하기에는 민망할 정도로 향기롭지 못하고 정액 냄새처럼 비릿하다.

밤꽃은 다른 꽃에 비해 유난히 향기가 짙고 멀리까지 퍼진다. 그 냄새를 향기라고 해도 될지 모르지만…….

전국 곳곳에 밤나무가 많아 6월이 되면 제 세상인 양 꽃을 피워 남성의 향기인 비린내를 온 산하에 뿌린다.

밤꽃의 비릿한 냄새, 그것은 분명 남성의 냄새다. 꽃의 모양, 냄새, 열매인 밤송이까지 모두가 남성의 상징이다. 여느 꽃과는 모양, 냄새, 열매가 확연히 다른 밤꽃을 나는 남성의 꽃이라고 부른다.

밤나무는 꽃뿐만 아니라 열매도 여성 꽃의 열매처럼 곱고 매끄럽지 못하다. 고슴도치처럼 가시를 세우고 타의 접근을 허락하지 않는다. 그러나 그것은 씨앗을 보호하기 위한 것이지 남을 해치기 위한 것은 아니다. 씨앗이 다 여물면 스스로 가시

울타리를 열고 탐스러운 알밤을 떨어뜨려 사람과 동물에게 나누어 준다.

  더위가 시작되는 6월, 아름답고 화려하고 향기로운 여성의 꽃을 먼저 앞세우고 이제 남성의 꽃이 뒤를 이어 피었다.

  남성의 꽃인 밤꽃은 나들이하기 좋은 봄날은 자신의 아름다움을 마음껏 뽐내라고 여성의 꽃에게 양보하고, 더위가 시작되는 6월에 핀다. 꽃도 여성을 배려할 줄 안다는 생각이 든다.

매미

 7월 중순, 숲 속에서는 생을 즐기는 매미 소리가 요란하다.
 매미는 여름의 전령사이며 멋진 음악을 연주하는 악단이다.
 6월에서 9월까지 여러 종류의 매미들이 각자 자신의 존재를 알리며 목청껏 노래를 불러 여름 풍경을 더욱 시원하고 풍요롭게 만들어준다.
 매미는 종류에 따라 고유한 울음소리를 내며, 울음소리의 높낮이와 길이, 리듬 등으로 다른 개체와 구별한다.
 매미는 종류에 따라 우화羽化하는 시기가 다르기 때문에 이미 살다 간 놈도 있고, 이제 한창 생을 즐기는 놈도 있고, 아직 우화하지 않은 놈도 있다.
 나무 아래쪽에는 매미가 벗어놓은 껍질이 매달려 있고, 나무 위에는 살아 있는 매미의 노랫소리가 우렁차고, 나무 밑에는 수명을 다한 매미 주검이 있다.
 죽은 모습도 여러 가지다. 하늘을 향해 누워 죽은 놈, 땅에

코 박고 엎드려 죽은 놈, 옆으로 누워 죽은 놈, 아직 목숨이 완전히 끊어지지 않아 다리를 조금씩 움직이는 놈도 있다.

왕거미가 쳐놓은 거미줄에 포박된 매미가 포박을 벗어나려고 발버둥을 치고 있다. 왕거미는 매미가 빠져나가지 못하게 항문으로 실을 뽑아 매미를 친친 감고 있다. 매미가 포박을 벗어나기는 불가능해 보인다.

길옆 나무 밑에는 작고 까만 수많은 생명체가 분주하게 움직이고 있다. 그들은 바로 개미들이었다. 무슨 일인가 싶어 자세히 보니 울다 지쳐 생을 다하고 나무 밑에 떨어져 죽은 매미의 장례를 치러주고 있었다. 개미들이 흙을 물어다 죽은 매미를 묻고 있었다. 매미는 이미 반쯤 흙에 묻혀 있었다.

매미의 노랫소리를 들으니 문득 어린 시절 매미가 우화하는 모습을 지켜보던 것이 생각났다.

어릴 적에는 매년 여름 아침마다 매미가 우화하는 모습을 가까이에서 직접 볼 수 있었다. 많은 매미가 마당 가에 있는 자두나무, 감나무, 살구나무에 매달려 우화한다. 높이 올라가지는 않는다. 성질 급한 놈은 10센티미터 쯤 오르다가 우화하고, 좀 느긋한 놈은 1미터 가량 올라가서 우화한다.

오랜 세월 땅속에서 굼벵이로 살다가 날개를 단 아름다운 매미의 모습으로 변하는 거룩한 그 순간, 그것은 신비와 황홀

그 자체다.

다리가 커지고 튼튼해진 굼벵이가 땅속에서 나와, 가까이 있는 나무를 타고 오르다가 걸음을 멈추고 탈피를 시작한다.

등껍질이 세로로 갈라지며 투명하고 연푸른 몸이 연약하고 작은 날개를 달고 서서히 나온다. 탈피가 끝나면 작은 날개가 커지기 시작하는데, 크는 것이 눈에 보일 정도로 빠르다. 자연의 신비함을 직접 눈으로 볼 수 있는 그 순간은 말로 다 표현할 수 없다. 5분가량 지나면 날개가 다 커지고 색깔도 짙어진다.

나는 매미가 굼벵이 상태로 나무에 기어오르는 것부터 탈피를 마치고 창공을 비행할 때까지 지켜보았다. 10분에서 30분가량 지나면 날개를 활짝 펴고 창공으로 날아간다. 첫 비행 순간 매미의 기분은 어땠을까. 그것은 매미만이 알 것이다.

매미의 탈피과정을 보려면 아침 일찍 일어나야 한다. 해뜨기 전후에 탈피하기 때문이다.

우화羽化, 자연의 신비가 숨어 있는 느낌을 주는 단어이다.

나는 매미의 우화 모습이 하도 신기하고 아름다워 아침마다 그 모습을 지켜보았다. 바라보는 나도 이렇게 황홀하고 가슴이 벅찬데 오랜 세월 땅속에서 지내다가 넓은 세상에 나온 매미의 환희는 어떠할까? 그것은 어떠한 말로도 표현할 수 없을 것이다.

여름철 농촌의 하루는 매미의 우렁찬 기상나팔 소리로부터 시작되었다.

농부들이 고단함을 이기지 못해 좀 더 자려고 하면 여명과 함께 깨어난 수많은 매미가 어서 일어나 밭에 나가 김을 매라고 「맴~맴~」하며 동시에 기상나팔을 불어댄다. 김매는 시기를 놓칠까 봐 아침마다 농부들을 깨웠다.

가장 더운 이때 농촌에서는 가장 힘든 조밭을 매야 한다. 밭농사 중에서 조밭 매기가 가장 힘들다. 사래 긴 밭에 하루 종일 쪼그려 앉아 맨다. 그것도 한 번으로 끝나는 것이 아니라 세 번, 네 번을 매야 한다.

조밭에는 바랭이라는 풀이 많은데, 이 풀은 마디마다 뿌리를 내려 땅을 움켜잡고 있어 잘 뽑히지 않는다.

뜨거운 햇볕 아래에서 조밭을 매는 농부들의 얼굴에는 구슬 같은 땀방울이 흘러내리고, 뒷목과 등은 강한 햇볕에 타서 피부가 벗겨졌다.

숲 속에서 부르는 매미의 노랫소리가 청량하고 낭랑하다. 박자와 음정도 잘 맞는다.

조금 아래쪽에 암컷이 있다. 수컷은 암컷을 유혹하기 위해 노래를 부르며 암컷에게로 슬금슬금 뒷걸음질로 다가간다. 수

컷은 구애에 성공하자 노래를 멈추었다.

   매미의 생은 비록 1~2주밖에 안 되지만, 비단같이 곱고 멋진 날개가 있어 자유로이 날 수 있고, 시원한 나무 그늘에서 마음껏 노래할 수 있는 매미의 삶은 백 년의 가치를 지닌 삶이다.

인간이 가장 잔인한 존재

지구 상에서 가장 잔인한 동물이 인간이다.

인간은 한없이 인자해질 수도 있고, 한없이 잔인해질 수도 있는 극과 극의 양면성을 가지고 있다.

만물의 영장인 인간은 가장 이성적인 동물이며, 가장 정이 넘치는 동물이며, 가장 용감한 동물이며, 가장 사랑할 줄 아는 동물이며, 가장 판단력이 뛰어난 동물이며, 가장 창조적인 동물인 동시에 가장 잔혹한 동물이다.

오래 전의 일이기는 하지만 물 먹인 소 사건도 있었다.

고기의 무게를 늘리기 위해 소에게 강제로 물을 먹였다.

호스를 소의 입에 넣고 몽둥이로 소를 때리면서 먹였다. 돈을 몇 푼 더 벌겠다는 인간의 탐욕이 잔인한 행위로 드러난 것이다. 뿐만 아니라 소를 좀 더 순종적이고 고기의 질을 높이기 위해 수송아지는 태어나자마자 거세하고, 비좁은 우리 안에서 서로 상처를 입지 않게 하려고 화학약품으로 쇠뿔의 뿌리를 태우고, 짧은 기간에 무게를 늘리기 위해 성장촉진 호르몬을 투여하기도 한다.

수평아리는 알에서 나오자마자 감별사의 손에 의해 쓰레기통으로 버려진다. 단지 알을 낳지 못한다는 이유로…….

개를 잡을 때도 목을 밧줄로 묶어 나뭇가지에 매달아 놓고 몽둥이로 죽을 때까지 무자비하게 때렸다.

인간은 매일 수많은 동물을 죽인다. 대부분 먹기 위해서 죽인다. 먹기 위해 죽이는 것은 생존을 위한 것이므로 어쩔 수 없다. 모든 생명체는 서로 먹고 먹히면서 살아간다.

남의 생명을 빼앗는다는 점에서는 같을지라도 동물들에게는 죄가 없다. 동물들은 다만 자기들의 생리적 욕구에 따라 먹이를 취할 뿐이다.

동물은 생명을 유지하기 위해 다른 동물을 잡아먹지만, 사람은 반드시 배가 고파서 동물을 잡는 것이 아니다. 사냥이나 낚시는 스스로 취미활동이라는 말로 포장한다. 반드시 먹기 위함이 아니다. 잡는 순간 느끼는 짜릿한 쾌감을 얻기 위해서다. 그러나 죽임을 당하는 동물은 취미로 죽지도 않고 죽을 때 짜릿한 쾌감을 느끼지도 않는다.

어떤 목적으로 죽이든 동물을 죽일 때는 자기도 모르게 마음에 살기가 일어난다.

또 닭싸움, 소싸움 등 동물에게 싸움을 붙여 놓고 피를 흘리는 모습을 보고 환호하며 즐거워한다. 사람들은 그 잔인함 속에서 쾌감을 느끼고 쾌감의 강도를 높이려고 점점 더 잔인해진다.

아침저녁 먹거리를 챙겨주며 기르던 소, 돼지, 닭, 오리가 전염병에 걸리면 아직 숨이 끊어지지 않은 것을 살 처분한다. 그것도 한두 마리가 아니라 수십만 마리를 생매장한다.

물론 전염병의 확산을 막고 더 큰 희생을 줄이려는 조치이기는 하지만, 그러한 행위는 인간만이 할 수 있는 것이다.

인간은 동물에게만 잔인한 것이 아니다.

인간이 동물에게 가하는 잔인함보다 인간에게 가하는 행위가 더 잔혹하고 끔찍하다.

같은 사람인데도 노예제도를 만들어 사람을 사고팔며 짐승보다 못한 취급을 했다. 주인에게 맞아 죽은 노예가 얼마나 많았던가. 고대 로마인들은 원형 투기장에서 사자와 노예의 싸움을 즐기기도 했다.

또 수많은 전쟁으로 죄 없는 사람들이 얼마나 많이 죽었으며, 남의 나라를 침략하여 식민지로 만들고, 무고한 사람들을 무자비하게 학살한 사례가 얼마나 많았는가.

인간의 잔인한 행위는 헤아릴 수 없이 많다.

죄인을 벌하는 형벌 제도도 너무 잔인했다. 잔인한 형벌제도가 수없이 많았지만 그중에 몇 가지 사례를 보면,

중국 고대 은나라 주왕이 시행한 포락지형과 진나라 법가 상앙이 시행한 요참형이 있다.

포락지형은 기름칠을 한 구리기둥을 숯불 위에 걸쳐 놓고 죄인으로 하여금 맨발로 건너게 한 형벌이고, 요참형은 허리를 잘라버리는 형벌이다.

조선시대에도 능지처참과 효수, 부관참시가 있었다.

능지처참은 팔, 다리, 목을 자르고 몸뚱이를 토막 내는 형벌이고, 효수는 자른 머리를 나무기둥 위에 걸어놓고 만인이 보도록 하는 형벌이고, 부관참시는 죽어 묻힌 사람의 관을 부수고 머리를 잘라내는 형벌이다.

이러한 형벌은 잔인하고 끔찍하기는 하지만 죄인에 대한 벌이다. 이보다 더 끔찍하고 잔인한 짓도 있었다. 제2차 세계대전 당시 일본 제국 육군 소속 731부대에서 일본 제국이 인간을 대상으로 생체실험이라는 만행을 저질렀다. 살아 있는 사람을 해부대에 올려놓고 온갖 잔인한 방법으로 해부했다. 이 실험은 인체실험인데「살아 있는 상태로 실험한다」하여 생체실험이라고 불렀다. 잔인함의 극치였다.

인간이 이 지구 상에 살기 시작한 이래, 지금까지 저지른 잔

인한 행위를 모두 책으로 쓴다면 그 높이가 달에 닿고도 남을 것이다.

　잔인한 일이 지나간 세월에만 있었던 것은 아니다. 현재 우리 사회에서도 잔인하고 끔찍한 일들이 벌어지고 있다.
　자식을 죽이고, 부모를 죽이고, 형제를 죽이고, 친구를 죽이고, 애인을 죽이는 일이 심심찮게 발생한다. 또 일면식도 없는 사람까지 무차별 살해하는 일도 있다. 뿐만 아니라 죽인 시신을 토막 내기까지 한다니 이게 어찌 사람이라 할 수 있는가! 악마도 이렇게까지 잔인하지는 않을 것이다.
　내연의 남녀가 공모해 배우자를 살해하고, 거액의 생명보험에 들고 보험금을 타기 위해 가족을 살해하는 세상. 지구 상에 인간을 제외하고 어느 동물이 그런 짓을 하는가.
　사람에게 가하는 잔인한 행위는 대부분 돈과 치정 때문에 일어난다. 자식이 부모가 돈을 안 준다고 때려 숨지게 하고, 상속을 빨리 받기 위해 살해하고, 보험금을 타기 위해 살해하고, 남의 돈을 뺏기 위해 강도 살인을 저지르고, 돈 받고 청부살인을 하기도 한다.

　사람들은 어릴 때부터 잔인함을 배운다. 아직 옳고 그른 것을 판단할 수 없는 어린이들이 즐겨하는 게임이 온통 칼로 찌르고 총으로 쏘아 죽이는 내용이다. 더 나아가 영화나 드라마도 사람을 총으로 쏘아 죽이고, 칼로 찔러 죽이고, 주먹으로 치고받고, 건물을 부수고 파괴하는 내용이다. 살벌하고 잔인한 영화일수록 명화라고 평한다. 이처럼 어렸을 때부터 때리고 부수고 죽이는 장면을 수없이 보고 자랐으니 잔인함이 몸에 밸 수밖에.

지금도 지구촌 곳곳에서 상상을 초월하는 잔인한 일들이 매일 벌어지고 있다.

인간의 행위 중에 가장 해서는 안 될 것이 남의 목숨을 해치는 것이고, 남에게 고통을 주는 것이고, 남의 것을 훔치는 것이다. 오늘날 우리 사회가 왜 이 지경이 되었는지, 무엇이 문제인지 모두가 함께 생각하고 반성하고 대책을 강구하는 것이 시급하다.

저출산이 경제적인 이유만일까?

　30년 전만 해도 좁은 땅에 인구가 넘쳐난다며 정부가 산아제한을 강제하고, 시군 읍면마다 가족계획지도원을 따로 두어 예비군 훈련장을 찾아다니며 정관수술을 권장하고 여자들은 루프 시술을 권장했다. 그러던 것이 이제는 정반대로 출산장려를 위한 여러 가지 시책들을 내놓고 있다.
　1961년부터 시작한 산아제한 정책이 1996년에 폐지되고 출산장려정책이 시행되었다. 출산장려정책을 시행하고 있음에도 출산율은 해가 갈수록 떨어지기만 한다.
　국가가 유지되는데 가장 중요한 것은 국민이다. 국민이 없는 국가는 있을 수 없다. 적정한 인구가 유지되어야 하고 올바른 교육이 이루어져야 한다.
　신생아 수는 점점 줄어들고 노령 인구는 늘어나는 것이 현실이다. 그냥 넘길 일이 아니다. 국가는 물론 모든 국민의 의식 변화가 필요한 때이다.

우리나라 경제수준이 아이를 못 키울 정도로 어렵지는 않다. 베이비붐이 일었던 5, 60년대에 경제적으로 넉넉해서 아이를 많이 낳은 것이 아니다. 하루 세끼 죽도 제대로 못 먹을 정도로 어려운 시대였다. 그런데도 집집마다 칠팔 명의 자녀를 키웠다.

오늘의 풍요는 그때 태어난 사람들의 피와 땀으로 이룩된 것이다.

지금은 어떤가. 유사 이래 가장 잘살고 있다. 잘 살다 못해 넘쳐서 금수강산이 쓰레기장이 되었다. 가장 풍족한 시대에 출산율은 가장 낮다. 이는 경제적인 것이 문제가 아니라 마음이 문제라는 반증이다.

경제적으로 부유해짐과 함께 사람들의 의식이 바뀌었다.

예전에는 누구나 성인이 되면 결혼을 하고 아이를 낳아 기르는 것을 당연하게 생각했지만, 지금은 시대가 바뀌고 의식이 바뀌었다. 가족 위주가 아니라 나 위주로 살아가는 세상이 되었다.

아이를 낳지 않는 것이 경제적인 문제라고 하는데, 그중에 사교육비 부담이 가장 큰 이유라고 한다. 워낙 경쟁이 치열한 사회이다 보니 남에게 뒤처지지 않게 하려고 한 달에 적게는 수십만 원에서 많게는 수백만 원의 학원비가 들어가니 그럴

만도 하다. 이것은 배보다 배꼽이 더 큰 비정상적인 교육현상으로 개선이 필요하다.

공교육이 사교육에 밀리고 있다. 학부모들은 공교육보다 사교육을 더 신뢰하고 있다. 공교육기관인 학교에서는 학생이 매를 맞으면 고소하겠다고 덤비고, 사교육 기관인 학원에서 매를 들면 고맙다고 떡을 싸들고 가는 세상이다.

많은 돈을 들여 대학을 졸업해도 취업이 안 되는 것도 큰 문제다. 과열 경쟁을 막으려면 일류만 독식하는 사회가 아니라 꼴찌도 함께 살아가는 사회가 되어야 한다.

부모는 학원비를 대느라 허덕이고, 아이들은 학교 수업이 끝나면 두세 군데씩 학원에 가야 한다. 이것은 교육이 아니라 아동학대다. 아이들이 자연 속에서 자연과 함께 뛰어놀 겨를이 없다. 어른들의 지나친 경쟁심리의 희생양이 된 학생들이 가엾고 불쌍하다.

일부 기업체에서는 아이를 낳으면 일억을 주겠다고 하는 데, 파격적인 대안이기는 하나 신중히 생각해볼 문제다.

아이를 낳고 일억을 받을 수 있는 사람이 몇 명이나 되겠는가? 받지 못하는 사람이 훨씬 많을 것이다. 직원이 아이를 낳으면 일억을 줄 수 있는 기업체가 얼마나 되며, 그것을 주지도 못하고 받지도 못하는 영세 중소기업체의 사장과 직원들의 심정은 어떻겠는가.

　영세한 사업장에서 일하는 사람들에게 일억은 꿈같은 돈이다. 이것은 또 다른 불평등과 상대적 박탈감을 초래하며 계층 간 차별과 갈등을 조장할 우려가 있다.

　따라서 누구에게나 공평하게 주어지는 대책이 필요하며, 경제적으로 어려움을 겪고 있는 가정에 더 많은 혜택을 주는 출산정책이 필요하다.

　결혼을 하지 않는 사람이 많아지고, 결혼해도 아이를 낳지 않거나 하나만 낳는 것은 단순히 경제적인 어려움 때문만이 아니라 이기주의, 개인주의, 일류주의, 최고주의 등 복합적인 문제 때문에 일어나는 현상이다.

　남들이 부러워할 만한 좋은 직장에 다니며 높은 연봉을 받는 사람 중에도 결혼을 하지 않거나 결혼을 해도 아이를 낳지 않는 사람들이 많다.

　반면에 경제적으로 그리 넉넉하지 않은데도 다자녀를 키우는 가정도 많다. 그래도 그 많은 아이를 탈 없이 잘 키우고 웃음꽃을 피우며 행복하게 살고 있다.

　결혼을 하지 않는 것은 경제적인 어려움도 있겠지만, 거기에 못지않게 가정이라는 틀에 얽매이지 않고 자유롭게 살겠다는 의식이 강하기 때문이다. 결혼하게 되면 시부모와의 갈등, 육아를 위한 희생 등 정신적 육체적 부담이 따르고, 자아실현에도 걸림돌이 되기 때문이다.

  육아 스트레스를 받지 않고, 또 자식의 장래 문제 등 경제적 정신적 부담 없이 혼자 여유롭고 자유롭게 살아가는 것도 좋지만, 자식을 낳고 기르는 것이 마냥 힘들고 부담스럽기만 한 것이 아니라 큰 보람과 행복감을 느낄 수도 있음을 알아야 한다.

  아무리 혼자 잘 먹고 잘 살아도 영원히 살 수는 없다.

  죽은 뒤에도 남아 있는 큰 업적은 재물과 명성이 아니라 잘 키운 자식이다.

  국가와 각 지자체가 출산장려를 위한 각종 시책을 시행하고 있지만, 그것을 바라고 아이를 낳을 사람은 그리 많아 보이지 않는다. 보다 근본적인 대책이 필요하다.

  첫째, 출산에서 대학교육까지 국가가 책임진다. 국가는 대학까지 무상교육을 시행하고 공교육의 내실화로 사교육비 부담을 줄여야 한다.

  둘째, 각 직장에서는 직원이 출산할 경우 충분한 유급 출산휴가를 보장하고, 직장에 복귀 시 불이익을 받지 않도록 하는 제도적 장치 마련이 필요하다. 소규모 영세 사업장에서는 장기간 유급휴가가 사실상 불가능한 경우가 많다. 이들 사업장에 대해서는 국가가 출산휴가기간 동안 임금을 보장해주는 방안을 검토해볼 필요가 있다.

여기에 소요되는 예산은 현재 지출되는 예산 중 절감할 수 있는 분야의 예산을 철저히 조사 분석하여 낭비되는 예산이 없도록 하고, 불요불급한 예산을 과감하게 없애면 마련할 수 있을 것이다.

셋째, 평생 믿고 다닐 수 있는 안정된 직장을 많이 만들어야 한다.

넷째, 경제적인 문제와 국가의 지원 못지않게 중요한 것은 당사자들의 의식 변화다.

출산율 증가를 위해 가장 중요한 것은 당사자의 마음이다. 국가에서 아무리 좋은 정책을 마련해도 당사자들이 낳을 생각이 없으면 소용없는 것이다. 국가가 대신 낳을 수는 없다. 국가와 기업체는 아이를 낳는 데 필요한 여건을 만들어주는 조력자일 뿐이다.

정부와 국회가 머리를 맞대고 오직 국가의 미래를 위하는 마음으로 뜻을 모으면 반드시 좋은 방안이 나올 것이다.

모든 생명체는 유한하다. 사람이 영원히 사는 방법은 오직 한 가지뿐이다. 그것은 자신의 유전자를 남김으로써 다른 모습으로 생명을 이어가는 것이다.

여성 여러분! 여자로만 살다가 가시렵니까? 어머니로도 살아보세요.

남성 여러분! 남자로만 살다가 가시렵니까? 아버지로도 살아보세요.

흙수저, 기죽을 필요 없다

　흙수저를 가지고 나온 것을 축하합니다.
　아니, 은수저도 아니고 흙수저를 가지고 나와 상대적 박탈감에 주눅이 들고 마음 상한 데 축하라니, 지렁이 흙 파먹는 소리도 아니고 그 무슨 망발인가!
　선생님, 너무 흥분하지 마시고 차분한 마음으로 이야기해 봅시다.
　여기서 금수저, 은수저, 흙수저는 부모의 재력과 사회적 지위를 의미한다. 즉, 부모의 사회경제적 특권의 서열을 나타내는 말이다. 재산도 많고 사회적 지위도 높은 부모에게서 태어난 사람을 금수저, 조금 많은 사람을 은수저, 평범한 부모에게서 태어난 사람을 흙수저라고 한다.
　이것은 자신의 의지와는 상관없이 주어진 환경이다.
　그러니 가난한 집에 태어난 것은 당신의 잘못이 아닙니다. 그러나 늙어서도 가난한 것은 전적으로 당신 잘못입니다.

인간을 보기를 돌같이 보고 황금을 보기를 신같이 보는 세상이니 황금의 가치가 신보다 위에 있을 정도로 대단하다는 것은 누구나 다 알고 있다

금수저는 태어나면서, 아니 태아 때부터 호강한다. 살아가는 데 필요한 모든 것이 다 갖추어져 있다.

금수저는 땀 흘려 일하지 않아도 살아가는 데 문제가 없다. 반면에 흙수저를 가지고 나온 사람은 부지런히 몸을 움직이고 머리를 써서 일해야 한다.

부모의 재력과 사회적 지위는 부모의 것이지 스스로 이룩한 것이 아니다. 그러므로 금수저를 가지고 나왔다고 그 사람의 삶이 끝까지 황금처럼 빛난다고 볼 수도 없고, 흙수저를 가지고 나왔다고 평생 밑바닥 삶을 살라는 법도 없다. 당사자들이 어떻게 하느냐에 따라 10년 후, 20년 후의 삶이 바뀔 수도 있다.

자신의 미래는 현재 주어진 조건보다는, 본인이 어떤 목표를 가지고 있으며, 그것을 이루기 위해 얼마나 강한 정신력과 의지력으로 실천하느냐에 달려있다.

성공한 사람 중에는 금수저를 가지고 나온 사람보다 흙수저를 가지고 나온 사람이 훨씬 많다. 개인적인 성공뿐만 아니라 인류역사에 빛나는 업적을 남긴 사람 중에도 금수저보다 흙수저를 가지고 나온 사람이 더 많다. 이들은 어려운 환경 속에서

숱한 역경과 실패를 이겨내고 큰일을 이루었다.

성공한 사람들의 공통점은 자신에게 주어진 악조건을 불평하기보다는 감사하고 고맙게 생각하는 긍정적인 마음을 가지고 꿈을 향해 부단한 노력을 했다는 것이다.

그러니 흙수저를 가지고 나왔다고 실망하고 기죽을 필요는 없다. 자기의 인생은 어떤 꿈을 가지고 어떻게 실천하느냐에 달렸다.

당사자의 생각과 실천이 금보다 중요하다. 흙수저를 가지고 나온 사람도 노력 여하에 따라 금수저보다 더 잘 살 수도 있고 빌어먹을 수도 있다. 흙수저라고 한탄만 하면 빌어먹게 된다.

금수저를 가지고 나온 사람은 그 금을 스스로 캐낸 것이 아니기 때문에 소중하게 여기지 않고 쾌락의 도구로 사용할 수도 있다.

내가 땀 흘려 번 돈이 아니면 귀하게 여기지 않는다. 그러니 저절로 굴러들어온 부모의 돈은 씀씀이가 헤플 수밖에 없고, 쉽게 손에 쥔 돈이 많으니 사치와 방탕한 생활에 빠지기 쉽고, 결국 몸과 마음마저 망가뜨릴 수 있다.

또 금수저는 자기 스스로 노력해 이룬 것이 아니기 때문에 성취감과 보람을 느끼지 못한다. 그러나 성공한 흙수저는 오랜 세월 정성을 들여 목표한 바를 이루었기 때문에 큰 성취감과 보람을 느낄 수 있다.

자기 손으로 무엇인가를 이루어낸다는 것, 그것이 사는 것이다. 물려받은 황금으로 남들이 만들어놓은 것을 쉽게 얻는 것은 남의 삶에 얹혀사는 것이다.

처음부터 너무 풍족하고 편안하면 마음이 사치해지고, 방탕해지고, 자만해지며, 인생이 녹슬게 된다. 삶에는 적당한 어려움과 장애물이 있어야 한다. 그것을 극복하고 헤쳐나가는 것이 인생이다. 빈 그릇을 채워가는 데서 오는 보람과 기쁨과 성취감이 있어야 삶의 참맛을 느낄 수 있다.

흙수저는 작은 것에도 감사할 줄 알고 소중함을 알지만, 금수저는 물건의 소중함을 모르고 감사함과 고마움도 모른다.

흙수저는 기다릴 줄 알지만, 금수저는 기다림을 모른다.

흙수저는 남의 어려운 사정을 이해할 줄 알지만, 금수저는 자기중심적이고 타인을 배려할 줄 모르는 이기적인 사람이 될 가능성이 높다.

금수저를 가지고 나온 사람들이 모두 부모의 은덕을 감사하게 여기고 고맙게 여기며 효도하는 것은 아니다. 개중에는 오히려 넘치는 황금과 부모의 사회적 지위간 믿고 잘못된 길로 빠져, 부모의 얼굴에 먹칠하는 것도 모자라 똥칠을 하는 사람도 있다.

세상은 끊임없이 변하고 영원한 것은 아무것도 없다. 금수저도 빈손이 될 수 있고 흙수저도 금수저가 될 수 있다.
 태어날 때의 조건보다 본인의 생각과 실천의지가 더 중요하다. 금이냐 은이냐 흙이냐가 중요한 것이 아니라 그 수저로 무엇을 뜨고 무엇을 집느냐가 중요하다.
 우리 사회는 금 같은 사람보다 흙 같은 사람이 필요하다.

비밀이 없어서

현대는 소음의 시대라고 해도 과언이 아닐 정도로 온갖 소음 속에서 살아가고 있다. 기계 소리, 전자음 소리, 사람의 말소리가 집 안팎에서 밤낮없이 고막을 울리고 신경 줄을 건드린다.

대기오염과 수질오염은 사람의 육체적 건강을 위협하는 주범이고, 소음은 정신건강을 해치는 주범이다.

기계적인 소음은 무수히 많지만 가장 가까이에서 끝없이 이어지는 소음은 시내 주택가를 달리는 자동차 소리다. 기름 한 방울 나지 않는 나라에 무슨 차가 그렇게 많은지 도로를 개설해 놓으면 바로 주차장으로 변할 정도다.

요즘 사람들은 소음에 아주 민감하다. 특히 다세대 주택에서는 층간 소음 문제로 다툼이 끊이지 않고, 심지어 폭행과 살인까지 발생하고 있다. 소음 속에 신경 줄이 날카로워지고 인정은 메말라가고 있다. 더불어 살아가려면 서로 조심하고, 배려하고, 이해하는 마음이 필요하다.

　위층에서 어린아이가 뛰는 발소리는 소음이 아니라 희망의 소리다. 어린아이가 뛰는 것은 성장 과정의 한 단계로 지극히 정상적인 행동이다. 누구도 막을 수 없다. 따라서 이해하고 참는 아량이 필요하다. 물론 아이의 보호자도 바닥에 층간소음 방지매트를 까는 등 소음을 줄이는 데 노력해야 한다.

　여기서 말하고자 하는 것은 기계소음과 층간 소음이 아니라 사람이 입으로 내는 소음과 그에 대한 변명이다.

　자동차 보다 더 많은 것이 휴대전화다. 누구나 가지고 다니는 필수품이 되었다. 심지어 말도 제대로 못 하는 아이들도 휴대전화를 가지고 있다. 그러나 휴대전화를 가지고 다니는 것은 아무런 문제가 되지 않는다.

　사람의 입을 통한 소음.

　공공장소나 주위에 많은 사람이 있는 곳에서 휴대전화의 볼륨을 높여 상대방의 목소리까지 들리게 통화하는 사람들을 심심찮게 볼 수 있다. 그것은 소음임에 틀림없다. 그것은 통화의 내용과는 상관없이 소음이다. 비밀스러운 내용이든 비밀스럽지 않은 내용이든 마찬가지다.

어느 마을에 유난이 큰 소리로 통화하는 사람이 있다. 전화할 때마다 50미터 밖에서도 통화 내용을 알아들을 수 있을 정도로 큰 소리로 통화를 한다. 본인의 목소리뿐만 아니라 상대방의 목소리도 또렷이 들릴 정도로 볼륨을 높여서 통화한다. 그래도 주변 사람들은 거기에 대해 한 번도 말한 적이 없다. 사람마다 성격이 다르니 그런 사람도 있다고 인정하며 참고 지낸다.

그런데, 어느 날 아무도 그 통화 소리에 대해 뭐라고 한 사람이 없는데, 도둑이 제발 저리다고 스스로 변명을 늘어놓았다. 그 변명인즉, 자기는 비밀이 없기 때문에 큰 소리로 통화한다고 했다.

글쎄, 비밀은 본인만 아는 것이기 때문에 비밀이 있는지 없는지 타인은 알 수 없고, 또 남의 비밀을 알 필요도 없다. 그것은 그 사람의 사생활이니까.

이 변명을 달리 말하면, 다른 사람에게 들리지 않도록 조용히 통화하는 사람들은 공중도덕과 교양이 있어서 그런 것이 아니라, 남이 들어서는 안 될 비밀이 많기 때문이라는 말이 될 수도 있다.

차라리 그런 변명을 하지 말고 가만히 있는 것이 더 좋지 않았을까 하는 생각이 든다.

비밀은 말 그대로 비밀이기 때문에 본인 외는 알 수 없으니

논할 바는 아니고, 비밀보다 교양과 타인에 대한 배려심이 부족한 것이 아닌지 의문을 갖게 하는 말이다.

공동주택에 살면 공동주택 예절이 있고, 휴대전화를 사용하면 휴대전화 예절이 있다. 이 예절이 지켜지지 않으면 이웃 간에 갈등이 생기고, 갈등이 쌓이고 쌓이다 보면 돌이킬 수 없는 사태가 발생할 수도 있다.

비밀이 있어도 좋으니 각자의 자유의사에 따라 무슨 내용을 통화하든 옆 사람의 귀에 거슬리지 않게 조용히 통화하는 것이 비밀 유무보다 우선 되어야 하지 않을까.

큰 소리로 통화하는 사람을 보고 저 사람은 비밀이 없는 순수하고 깨끗한 사람이라고 칭찬할 사람이 있겠는가?

푸른 낙엽

　우리 집 앞에는 걸어서 5분이면 갈 수 있는 야트막한 산이 있다. 나에게 즐거움을 주고 건강을 주는 곳이다. 그곳에는 야생화체험 공원도 있고, 크고 작은 돌리네도 있고, 산책로도 잘 정비되어 있다.
　산책로는 여러 코스가 있는데, 30분이 소요되는 곳도 있고, 한 시간이 소요되는 곳도 있고, 한 시간 반이 소요되는 곳도 있어 몸 상태에 따라 선택하여 걸으면 된다. 산책로에는 가파르지 않은 오르막과 내리막이 있어 노약자들이 운동하기에 적당한 곳이다.
　나는 건강 때문에 높은 산은 갈 수가 없다. 그래서 높은 산은 마음만 갔다 오고 몸은 앞산에 머문다. 집 가까이에 등산도 될 수 있고 산책도 될 수 있는 산이 있다는 것이 얼마나 다행인가. 산이 낮고 작아도 산이 갖추어야 할 것은 다 갖추고 있다.
　산길을 따라 걷다 보면 청설모도 만나고, 고라니도 만나고,

산 까치를 비롯한 각종 새들도 만난다.

　담비와 굴뚝새도 만난 적이 있다. 담비와 굴뚝새는 자기가 귀한 몸이라는 것을 아는지 딱 한 번 모습을 보이고는 자취를 감추었다.

　5월이 되면 아름다운 목소리의 대명사인 꾀꼬리가 맑은 목청으로 노래한다. 연초록의 싱그러운 숲에서 은쟁반에 옥구슬 굴러가듯 울려 퍼지는 꾀꼬리의 노랫소리는 산책객의 가슴에 감동의 파문을 일으킨다. 금상첨화라고나 할까, 꾀꼬리 노랫소리와 함께 한창 흐드러지게 핀 아카시아 꽃의 달콤한 향기가 산책객의 코 평수를 넓힌다. 여기에다 시원한 산들바람까지 불어주니, 이곳은 시각 청각 후각 촉각 오감을 만족하게 하는 진정한 도심 속의 보물이다.

　이곳에는 떡갈나무가 유난히 많다. 떡갈나무 잎은 참나뭇과 나무 중에 잎사귀가 가장 크다. 거짓말을 조금 보태면 기정 떡 한 판을 올려놓을 만큼 크다.

　푸른 낙엽.

　「낙엽」하면 먼저 가을을 떠올리게 되고, 가을은 울긋불긋한 단풍을 떠올리게 되고, 그 단풍이 떨어진 것이 낙엽이다. 따라서 낙엽의 색도 붉거나 노랗거나 누렇다. 당연하다. 그것이 낙엽 본연의 색이니까.

봄에 새잎을 틔운 나무가 여름에 무성하게 자라고, 가을이 되면 붉게 또는 노랗게 물들었다가 늦가을에 잎을 모두 떨어뜨리고 겨울잠에 들어가는 것이 나무의 살아가는 과정이다. 물론 봄에 떨어지는 나뭇잎도 있고, 여름에 떨어지는 나뭇잎도 있지만, 그것은 정상적으로 지는 낙엽이 아니다. 그런데 여름도 아니고 늦가을에 떨어진 푸른색 낙엽이 있다. 그것도 한 잎 두 잎 떨어지는 것이 아니라 하룻밤 사이에 한 나무의 잎이 한꺼번에 모두 떨어져 바닥을 푸르게 물들였다. 상식을 뒤엎는 현상이다.

2023년 11월 23일, 내가 늘 다니던 앞산 산책길 일부 구간에 푸른색 낙엽이 덮여 있었다. 주위에 있는 다른 나무들은 모두 붉거나 누런 잎을 떨어뜨리고 있는데, 한 나무만 푸른 잎을 한꺼번에 쏟아놓았다.

부끄러운 일이지만 나는 그 나무의 이름은 모른다. 소나무나 참나무처럼 어디에서나 흔히 볼 수 있는 나무는 아니다.

그동안 관심을 가지고 눈여겨보지 않아 전에도 푸른 낙엽이 있었는지는 기억이 없어 무어라 단정 지을 수는 없지만, 지금의 푸른 낙엽은 확실히 상식에 혼란을 주고 있는 것은 분명하다.

사람이 모르는 그 나무만의 사정이 있겠지.

기호식품의 전성과 수난

무엇이든 시기를 잘 타고 나야 대접을 받는다.

좀 엉뚱한 이야기이기는 하지만, 세월 따라 신세가 완전히 바뀐 것이 있다. 요즘 설 자리마저 위태로워진 담배이야기다. 담배와 함께 애연가들도 많은 애로를 겪고 있다. 대중이 함께 하는 장소는 대부분 금연구역으로 지정되어 있어 마음대로 피울 수가 없다.

자기 집에서도 못 피운다. 가족들의 반대도 있지만, 이웃 주민의 민원 때문에 못 피운다. 다세대주택은 가족에게 쫓겨 베란다에서 피우면 위층에서 민원을 제기한다.

자기가 좋아하는 기호식품을 마음대로 즐기지 못하는 애연가들의 심정을 누가 알아줄까. 아, 옛날이여~!

담배는 술, 커피, 차와 함께 오래전부터 많은 사람이 즐기던 기호식품이다. 기호식품은 배가 고파 끼니를 때우기 위해 먹는 것이 아니고 향기나 맛, 자극을 즐기기 위하여 먹거나 마시는 것이다. 이러한 기호식품은 오래전부터 사람들의 사랑을 받아왔다.

무엇이든 전성기가 있고 수난기가 있다. 한때 잘 나가고 대접받던 것도 세월이 지나면 수난을 겪을 수 있고, 한 때 푸대접 받던 것도 시간이 지나면 귀한 대접을 받을 때가 있다.

예전에 담배는 성인 남자들은 거의 다 피웠고 여성들도 피우는 사람이 많았다.

그러나 지금은 어떤가.

담배 갑에는 무시무시한 사진을 붙인 경고문구가 있고, 애연가들에게도 국가가 나서서 담배를 끊으라고 종용한다. 그야말로 담배의 존립이 위태로운 지경이 되었다.

이러한 담배도 예전에는 왕자 대접을 받았다.

설날에 어른들께 세배 갈 때는 물론, 평소 어른을 찾아뵐 때 최고의 선물은 담배였다. 받는 사람도 매우 흡족해했다.

뿐만 아니라 지방자치단체로부터도 특별대우를 받았다. 담배소비세가 지방재정에 큰 보탬을 주었기 때문이었다. 국산담배 애용 운동, 내 지역에서 담배 사기 운동이 전개될 정도였다. 다른 지역으로 출장 가거나 여행 갈 때 사는 지역에서 담배를 사서 가라고 종용했다. 담배소비세는 팔린 지역에 내는 것이니까.

뿐만 아니라 담배 많이 피우는 사람을 애국자라고 불렀다. 담배 안 피우는 사람이 오히려 이상하게 보였다. 사람을 만나면 먼저 담배 한 개비 권하는 것으로부터 대화가 시작되었다. 어떤 장소든 흡연이 허용되었고, 아무도 탓하는 사람이 없었다.

사무실이나 집에 손님이 찾아오면 담배부터 권했다. 담배가 대인관계의 중요한 매개체 역할을 했다. 요즘은 담배 신세가 말이 아니다. 그와 함께 애연가의 신세도 말이 아니다.

예전에 애국자라고까지 대접받던 애연가들이 지금은 설 자리마저 위태로워진 시대가 되었다.

애연가들에게는 호랑이 담배 피우던 시절이 그리워지는 현실이다. 「호랑이 담배 피우던 시절」이라는 말은 과거를 회상할 때 사용되는 표현으로, 여러 가지 의미가 내포되어 있지만, 담배를 자유롭게 피울 수 있었던 과거의 시절을 비유적으로 나타내는 말이기도 하다.

잠깐! 아직도 눈살을 찌푸리게 하는 흡연자가 있다.

길을 가며 담배를 피우다 불이 꺼지지 않은 꽁초를 길에 그대로 버리는 사람도 있고, 차 안에서 담배를 피우다 불이 꺼지지 않은 꽁초를 차창 밖으로 던지는 사람들이 종종 눈에 띈다. 그런 행위는 쓰레기 무단 투기일 뿐만 아니라 화재 위험이 있어 주의가 필요하다.

　담배의 신세가 추락하여 설 자리가 없어진 반면 카페와 커피숍이 우후죽순처럼 생겨나고, 이것을 즐기는 사람들이 부쩍 늘어났다. 마치 커피를 마시지 않으면 현대를 살아갈 수 없기라도 한 듯이.

　카페에서 먹고 마실 수 있는 종류가 수십 가지나 된다. 백화점 수준이다.

　차나 커피는 빛깔과 향기와 맛을 음미하면서 조금씩 마셔야 하는데, 요즘은 김이 나는 따끈한 것보다 얼음이 달그락거리는 냉차나 냉커피를 많이 찾는다.

　심지어 찻집에 앉아서 정담을 나누며 마시는 게 아니라 들고 다니며 거리에서 마신다. 커피나 차를 주문하는 것도 바깥에서 이루어지는 경우가 많다. 이럴 때 사용하는 용기는 멋과 품위하고는 거리가 멀다. 모두 일회용으로 농구선수처럼 크고 멋도 없다. 양도 많고 빨대로 쪽쪽 빨아 먹는다.

　내용물도 중요하지만, 그릇도 중요하다. 차나 커피의 맛을 음미하면서 마시려면 손잡이가 달린 적당한 크기의 찻잔에 가득 채우지 말고 70% 정도 채워 눈으로 음미하고, 코로 음미하며, 입으로 한 모금씩 마셔야 맛과 멋이 난다. 빨대로 빨아 먹는 모습은 품위와 멋하고는 거리가 멀어 보인다. 찻집 안에서 마시는 잔은 손잡이가 달린 고급스러운 잔이기는 한데 예전보다 잔이 크고 가득 채워준다. 노인들이 마시기에는 양이 너무 많다.

차나 커피는 분위기가 함께해야 제맛이 나고 제멋이 난다. 아름다운 경치나 풍경을 바라보며 혼자 고독과 함께 마셔도 좋고, 마음이 통하는 사람과 함께 마셔도 좋다.

차를 마실 때 주위에 사람이 너무 많으면 수선스럽고 그윽한 정취가 없다. 차를 마시는 것은 목이 말라 마시는 것이 아니다. 따라서 물처럼 벌컥벌컥 마시는 것은 차에 대한 예의가 아니다. 차는 그 향기를 누리기 위해 마신다. 차의 양도 적당해야 한다.

요즘 카페의 커피 맛은 옛날 다방의 낭만적인 커피 맛에 미치지 못한다. 예전의 다방에는 지금의 카페처럼 종류가 많지는 않았다. 커피와 쌍화차뿐이었다.

손님이 가면 레지라고 불리는 예쁜 아가씨들이 환하게 웃으며 맞이하고, 손님 옆에 앉아 아양을 떤다. 매상을 올리기 위한 귀여운 수작이다. 손님이 커피를 시키면 "저도 한잔하면 안 될까요?" 한다. 그러면 거절하지 못한다. 때로는 비싼 쌍화차를 요구하기도 한다.

추억 속의 그 시절 다방에는 낭만이 있고, 사랑이 있고, 만남이 있고, 이별이 있고, 눈물이 있었다. 또한, 청춘 남녀의 데이

트 장소이며 맞선의 장소였다.

  담배의 전성시대는 가고 커피의 전성시대가 왔다. 거짓말을 조금 보태면 건물마다 카페고 커피숍이다. 우리가 언제부터 이렇게 열렬한 커피 애호가가 되었나.

잎새 바람

잎새에 이는 바람, 잎새 바람.
잎새에 바람 드니 내 가슴에도 한 줄기 봄바람이 일었다.
봄은 사람을 밖으로 끌어내는 마술사다.
삼화동 이기마을에는 셀프찻집인 『잎새 바람』이 있다.
잎새 바람.
얼마나 신선하고 낭만적인 이름인가. 깊은 골짜기에 자리한 이 상호는 그 장소에 잘 어울린다.

2025년 4월 16일. 전형적인 봄 날씨다.
 지난 주말에는 때 아니게 찬 비바람이 몰아쳐 한창 웃고 있는 벚꽃을 모두 바닥에 메쳐 널브러지게 하더니 오늘은 바람도 없고 기온도 포근하다.
 나는 오랫동안 만나지 못한 고향 친구를 찾아가는 심정으로 낭만이 있고, 고풍스러운 멋이 있는 셀프찻집 『잎새 바람』을 향해 길을 나섰다.

　손꼽아 헤아려보니 그곳에 갔다 온 지 벌써 20년이 훨씬 넘었다. 오랜 세월이 지났는데 아직 옛 모습 그대로 있을까? 혹시 없어진 것은 아닐까? 10년이면 강산이 변한다고 하는데 강산이 두 번이나 변할 만큼 오랜 세월이 흘렀으니 어떤 변화든 변화가 있을 것이다.

　찻집까지 차가 들어갈 수 있지만, 꽃피고 새잎이 돋는 좋은 봄날에 자연의 아름답고 신선함을 보고, 즐기고, 감상하기 위해 차를 입구에 두고 걸어서 갔다.

　찻집으로 가는 길은 좁은 골짜기이다.

　길 양쪽 산에는 산벚꽃과 개복숭아꽃이 드문드문 피어 연분홍 물감을 뿌리고, 일찍 핀 나뭇잎은 초록색 물감을, 이제 막 피어난 새잎은 노란 물감을 뿌리고 있다. 연분홍색과 초록색, 노란색이 어우러져 산 빛이 더욱 화사하다. 봄은 일 년 중 가장 다양하고 화사한 색으로 치장한 계절이다.

　따사로운 햇살과 살랑대는 바람결이 봄의 정취를 온몸으로 느끼게 한다.

　봄바람은 아직 잎을 피우지 않고 졸고 있는 나뭇가지를 흔들어 깨우고, 새들은 하늘을 날아다니며 저마다 제소리를 내며 봄을 즐기고 있다. 길옆에는 뱁새가 무리를 지어 덤불 사이를 오가며 쉴 새 없이 재잘거렸다.

살아 숨 쉬는 산수화를 감상하며 가고 있는데, 길옆 덤불 속에 있던 장끼가 인기척에 놀라 비명을 지르며 날아올랐다. 꿩의 비명과 날갯짓 소리에 나도 놀랐다.

꿩을 보니 문득 옛날 생각이 떠올랐다.
1970년대 초로 기억된다.
가을 햇살이 들판을 누렇게 물들이고 있는 어느 날, 강릉 학산리에 사시는 이모님 댁에 다녀오는 길이었다. 넓은 들판에는 논도 있고 밭도 있다. 논밭에는 농부들의 땀과 정성과 사랑을 먹고 자란 곡식들이 농부의 노고에 보답하기 위해 한창 영글어가고 있었다.
길옆에 있는 작은 콩밭에는 알이 여물어 통통해진 콩이 탐스럽게 주렁주렁 매달려 있었다. 걸음을 멈추고 콩밭을 둘러보고 있는데 한 곳에서 콩 줄기가 심하게 흔들거리고 있었다. 자세히 보니 아직 다 자라지 않은 꿩들이 떼거리로 들어가 콩을 따 먹고 있었다. 콩 따 먹는데 정신이 팔린 꿩들은 사람이 보고 있어도 모르고 있었.
그 모습을 한참 구경하다가 돌을 집어 꿩을 향해 던졌다. 놀란 꿩들이 일제히 날아올랐다. 그런데 한 마리가 날아가지 않고 그 자리에 엎드려 있었다. 가보니 죽은 듯 꼼짝을 않고 있었다. 꿩을 들고 여기저기 살펴보았지만 다친 곳은 보이지 않았다. 잠시 후에 꿩이 움직이기 시작하더니 손에서 빠져나가려고 푸드덕거렸다.

꿩은 돌에 직접 맞은 것이 아니라 정신없이 콩을 따 먹다가 돌이 자기가 따먹고 있는 콩 줄기를 치니까 놀라서 기절했던 것이다.

생포한 꿩을 들고 점심을 먹기 위해 이종사촌과 함께 강릉 시내 어느 식당에 들렀다. 식당에 온 손님 중에 한 사람이 꿩을 보더니 자기한테 팔라고 했다. 값은 닭 두 마리 가격으로 주겠다고 했다. 봄에 부화한 꿩이라 아직 완전히 성장한 상태는 아니다. 생각해보니 가져가서 키울 수도 없고, 잡아먹을 경우 작은 꿩 한 마리보다 큰 닭 두 마리가 훨씬 이익이라는 생각이 들어 그 사람에게 팔았다.

오래된 일이라서 금액은 정확하게 기억나지 않는다.

살아 있는 산수화를 감상하면서 걷다 보니 어느덧 찻집까지 갔다. 20년이 넘는 오랜 세월이 흘렀어도 마을은 크게 달라진 것이 없고, 전에 없던 주차장이 새로 생겼다. 넓고 깔끔하다.

고풍스럽고 낭만이 있는 셀프찻집 『잎새 바람』도 예전 그대로 있다.

찻집에는 주인이 외출하고 없었다.

이웃 주민의 말에 따르면 주인은 처음 시작한 사람이 아니고 바뀌었다고 한다. 문이 열려 있어 안에 들어가 보니 실내장식과 진열된 고풍스러운 물건들은 옛날 그대로다.

　찻집에는 5, 60년 전에 사람들이 애용하던 수많은 물건이 모여 옛이야기를 하고 있다. 자석식 전화기와 다이얼식 전화기도 있고, 탁상시계, 괘종시계, 라디오, 악기, 재봉틀, 코뚜레도 있다. 옛날에 문서작성과 경리 업무를 볼 때 필수품이었던 타자기와 주판도 손님들을 맞이하고 있다.

　예전에 소의 먹이를 담아주던 크고 무거운 구유가 천장에 거꾸로 매달려 방문객을 내려다보고 있다.

　손님들이 차 마시는 모습을 말없이 지켜보고 있는 저 물건들은 모두 옛날에 귀한 대접을 받던 물건들이다.

　찻집 주인은 문을 열어놓고 일터로 나가기 때문에 일명 『무인카페』라고도 한다. 따라서 찻집에 들어갈 때 반겨주는 사람은 없다. 대신 오랜 세월 사람과 함께해온 골동품들이 손님을 맞이한다.

　셀프찻집 출입문 옆 벽에는 나무로 만든 금전 통이 커피 값을 넣어달라고 입을 벌리고 있다. 일명 양심통이다. 벽에 걸린 양심통이 손님들의 양심을 지켜보고 있다. 마치 차를 마시는 손님에게 "당신의 인품과 양심을 믿습니다. 나가실 때 제 입에

다 적당한 액수의 지폐를 넣어주세요."하고 무언의 압력을 넣고 있는 것 같다. 그 통의 입은 결국 주인의 입이다. 주인이 직접 찻값을 받을 수 없으니 벽에 걸린 통이 대신한다.

  셀프찻집은 주인이 있든 없든 항상 문이 열려 있고, 주방에는 여러 종류의 차와 커피, 커피포트가 준비되어 있어 마시고 싶은 차나 커피를 직접 끓여 마시고 나갈 때 양심통에 양심껏 값을 넣고 가면 된다.
  산속의 셀프찻집에서 직접 차를 끓여 가까운 지인과 함께 세상 이야기를 나누면서 마시는 차 맛은, 고급 카페에서 비싼 차를 마실 때의 분위기와는 또 다른 분위기와 맛을 느낄 수 있다.
  가끔은 도시를 벗어나 예전에 우리와 동고동락한 골동품들이 옛 추억을 떠올리게 하는 셀프찻집에서 스스로 물을 끓이고 차를 타 마시는 것도 좋은 시간이 되고, 좋은 추억이 되리라 생각한다.

  주인을 만나보고 오려고 한참을 기다려도 오지 않아 양심통에 찻값을 넣어주고 약간 아쉬운 마음을 안고 찻집을 나왔다.

장수시대

장수시대. 참 좋은 말이고 누구나 원하는 것이다.

사람은 누구나 건강하게 오래 살고 싶어 한다. 그래서 보약도 지어먹고 몸에 좋다는 것은 다 찾아 먹는다. 인삼녹용은 물론 곰의 쓸개, 오소리 쓸개, 멧돼지 쓸개, 물개의 거시기, 뱀, 개구리, 굼벵이까지 먹는다.

이것은 물론 돈 많은 사람 이야기다.

30년 전에는 까마귀가 정력에 좋다는 근거 없는 소문이 떠돌아 까마귀가 혹독한 수난을 겪기도 했다. 당시 까마귀를 「하늘에 떠다니는 정력제」라고 했다. 이 같은 헛소문을 믿고 색욕에 눈먼 사람들이 많이 찾아 한 마리에 30만 원에 거래되었다. 아마 모기, 파리, 바퀴벌레도 장수와 정력에 좋다고 하면 씨가 마를 것이다. 인간의 잘못된 욕망 때문에 죄 없는 동물들이 수난을 겪고 있다.

이런 것을 먹는다고 오래 사는 것은 아니다. 이처럼 몸에 좋고 정력에 좋다는 것을 먹은 사람보다 김치와 된장국을 먹은 사람들이 더 건강하게 오래 산다. 순리를 거스르지 않고 온화한 마음으로 세상을 즐겁게 사는 것이 장수의 비결이다.

　모두들 백세시대라고 한다. 그러나 백세시대라고 하여 누구나 백세까지 살 수 있는 것은 아니다. 의술이 아무리 발달해도 못 고치는 병이 있다. 의술이 발달하면 질병도 같이 진화한다. 의술과 질병은 어느 쪽도 완승할 수가 없다. 둘은 영원한 적이면서 영원한 동반자이다.
　따라서 모든 사람이 다 천수를 누리고 노환으로 죽는 것이 아니다. 노환보다 각종 질병과 사고로 죽는 사람이 훨씬 많다. 하루도 사망사고가 발생하지 않는 날이 없다. 사고의 종류도 다양하다. 사고는 남녀노소를 가리지 않는다. 문명이 발달할수록 사고 위험도 커진다. 하늘에서, 육지에서, 바다에서 끊임없이 사고가 이어진다.

　요즘 태어나는 아이들은 130세까지 살 것이라는 전망이 나오고 있다. 이처럼 오래 사는 것이 과연 좋기만 한 것인지 생각해볼 문제다. 반가움 보다는 걱정이 앞서는 예측이다.
　130세까지 사는 것은 축복이 아니라 재앙일 수도 있다. 130세까지 살면 자식은 100세, 손자는 70세가 된다. 3대가 노인이다. 이들을 누가 부양할 것인가?

　130세까지 산다면 적어도 100세까지는 사회경제활동을 해야 하고, 120세까지 살면 90세까지, 110세까지 살면 80세까지, 100세까지 살면 70세까지 스스로 경제활동을 하여 생활비를 마련해야 국가의 부담도 덜 수 있고, 당사자도 즐겁고 보람 있는 삶을 살 수 있다. 그러자면 체력도 유지되어야 하고, 사회경제활동을 할 수 있는 여건이 마련되어야 한다.

　인생을 계절에 비유한다면 70대는 초가을, 80대는 한가을, 90대는 늦가을이다. 90대가 되면 추풍에 낙엽 지듯이 대부분 세상을 하직한다.
　100세 이상은 겨울 인생이다.
　100세 이상 사는 것은 겨울처럼 춥고, 외롭고, 쓸쓸하고, 을씨년스럽다. 살아 있다고 하여도 흥겹고 즐거운 삶일 수 없다. 즐거움보다는 외로움과 고통이 더 클 것이다.
　인간사의 기초질서인 「예의」가 사망한 사회에서 백세 이상 사는 것이 과연 축복받을 일인지 생각하지 않을 수 없다. 어른에 대한 공경은 생각할 수도 없고, 귀찮은 존재로 천대받을 가능성이 훨씬 높다. 자식들이 외면하는 노인들을 국가가 잘 돌볼 수 있을지도 의문이다.
　장수시대에 초고령 인구가 많아지면 국가의 노인복지 부담도 천문학적으로 늘어날 것이다. 본인도 힘들고, 가족도 힘들고, 국가도 부담스럽다. 자칫 즐거움보다 서러움이 많은 삶이 될 수 있다.

겨울 같은 인생. 한파가 몰아치는 삶이라면 마냥 기뻐할 일은 아니다.

낙엽이 되기 전에

낙엽은 연륜 깊은 철학자이며, 자연의 섭리에 달관한 도인이다. 따뜻한 봄볕을 받으며 여린 새싹으로 나와, 뜨거운 햇볕과 모진 비바람을 이겨내고, 생의 마지막을 고운 단풍으로 불사르고 나서 이제 다음 세대의 새 생명을 위해 말없이 사그라진다.

나뭇잎은 바람이 불지 않아도 때가 되면 절로 떨어진다. 떨어지기 싫다고 언제까지나 매달려 있을 수는 없다.

인생의 가을은 나무가 단풍잎을 하나둘 떨어내듯이 그동안 쌓아온 욕심을 떨어내고 마음을 비우는 시기이다. 그 욕심을 끝까지 움켜쥐고 있으면 마지막이 추해진다.

가을이다.

이 글을 쓰고 있는 계절이 가을이 아니라 내 인생의 가을이다. 아직 한가을은 아니고 초가을이다. 꽃피던 봄, 잎이 무성하던 여름은 내가 보내지 않았는데도 스스로 가버렸다. 붙잡을 수도 없었고 붙잡지도 않았다.

　이 나이가 되면 떨어지는 것이 너무 많다. 감수성이 떨어지고, 열정도 떨어지고, 감각도 떨어지고, 기억력도 떨어지고, 시력도 떨어지고, 머리카락도 어깨 위에 떨어지고, 체력도 떨어지고, 식욕도 떨어지고, 이빨은 돈을 얹어 치과의원에 갖다 준다. 이렇게 떨어지는 것은 다시 주워담을 수도 없다.

　이처럼 좋은 것은 모두 떨어지고 혈당 수치와 혈압 수치, 간 수치와 염증 수치만 올라간다.

　그러나 가을에 접어든 이때가 비로소 나만의 시간을 가지고, 나만의 자유를 누리고, 나만의 삶을 살 수 있는 시기이다. 돌이켜보면 봄이라고 하여 마냥 즐거웠던 것도 아니었다. 내 인생의 봄은 극심한 가뭄으로 삶이 너무 메말랐다.

　나에게 봄은 고통과 긴장의 시간이었다. 가을인 지금은 오히려 여유와 충만의 시간이다. 나는 이 가을을 못다 한 청춘의 몫까지 알차게, 아름답게, 멋지게 열심히 살리라. 꽃의 계절은 지나갔지만, 꽃보다 아름다운 단풍이 있지 않은가.

　가을은 자기답게 살 수 있는 마지막 기회이다.

　과거에 어떻게 살았든 지나간 것은 모두 내려놓고 오늘을 열심히 살아야 한다. 늙어가는 것이 슬픈 일이기는 하지만 슬퍼하지 않기로 했다.

나이를 먹을수록 날마다 새롭게 피어날 수 있도록 자신의 삶을 가꾸고 관리해야 한다. 그래야 가을에 피는 국화처럼 그 윽한 인품의 향기를 풍길 수 있다.

자기에게 주어진 세월을 다 쓰고 온 곳으로 되돌아갈 때 자신의 삶을 추하지 않게 마감할 수 있어야 한다.

삶다운 삶을 살아야 죽음다운 죽음을 맞이할 수 있다. 지금 이 순간순간을 어떻게 하면 잘 사는 것일까.

가을은 연중 가장 맑은 계절이다. 하늘이 맑고, 공기가 맑고, 계곡에 흐르는 물도 맑다. 가을은 또 풍요의 계절이다. 봄부터 여름까지 땀 흘려 가꾸어 거둔 곡식이 창고에 가득한 계절이다.

조급해할 필요도 없고, 조바심낼 필요도 없고, 가득한 창고처럼 넉넉한 마음으로 살아가는 계절이다. 비록 물질적인 창고는 비어 있어도 마음의 창고는 늘 채워져 있어야 한다.

가장 소중한 시간은 지금이다. 황금보다 소중한 것이 지금이다. 육체의 주름은 어쩔 수 없지만, 마음의 주름은 지울 수 있다.

세월 따라 늙어가는 껍데기는 가꾸는데 한계가 있다. 그러나 내면을 가꾸는 것은 마음먹기에 따라 가을 산의 곱게 물든 단풍처럼 아름답게 간직할 수 있다. 곱게 물든 단풍은 봄꽃 못지않은 아름다움과 품위와 깊이가 있다.

　가을에는 아름다운 단풍만 있는 것이 아니라 탐스럽게 잘 익은 열매도 있다.

　나이가 들어도 화단에 꽃을 가꾸듯 자신의 삶을 가꾸고 관리해야 추한 모습을 피할 수 있다. 가을에 피는 국화처럼 피어나고 마음속에 국화향같이 짙은 향기를 간직해야 한다.

　젊어서는 금쪽같은 내 새끼를 위해 온 정성을 다 쏟았으니 이제는 금쪽같은 내 인생을 위해 정성을 쏟아야 한다. 젊어서 남을 위해 쓰던 시간을 이제는 나를 위해 써야 한다.

　늙어도 가슴은 뛴다. 저녁노을은 해돋이 못지않은 아름다움이 있다.

　젊고 건강할 때 돈을 쓰면 즐거움이 따르지만, 늙고 병들어 돈을 쓰면 고통이 따른다. 늙고 병들면 돈을 어디에 쓰겠는가? 대부분 병원에 갖다 바친다. 병으로 인한 고통이 크면 클수록 병원에 바치는 돈의 액수도 커진다.

　평생 가지 말아야 할 곳은 경찰서와 병원이다. 평생 병원에 가지 않고 천수를 누리는 사람은 건강한 몸을 주신 부모님께 감사해야 한다.

　나이 들면 같이 단풍들어가는 배우자에게 더 관심을 가지고 잘 챙겨주어야 한다. 늙으면 멀리 있는 효자 자식보다 곁에 있는 악처가 낫다. 아파서 몸져누웠을 때 곁에서 알뜰히 보살펴 주는 사람은 바로 당신의 남편이고 아내다.

　인생계절 가을에 접어들어서도 부부가 모두 건강하다면 복 받은 것이고 행복한 것이다. 부부가 함께 식사하고, 함께 차 마시고, 함께 여행하는 시간을 많이 가져야 한다.

　가을은 화려한 단풍 때문에 아름답게 보이기도 하지만 서글픈 계절이기도 하다. 자연의 가을은 붉게 물들지만, 사람의 가을 흰색으로 물들어 간다.

　화려한 단풍은 곧 낙엽이 되어 떨어진다. 가을의 마지막 낙엽처럼 앞으로 다가오는 마지막 순간을 어떻게 아름답게 장식할 것인지 차분히 생각해 볼 필요가 있다.

　어쩔 수 없이 단풍이 들고 낙엽이 될 거라면 좀 더 아름다운 단풍이 되고 우아한 낙엽이 되자.

　머무를 만큼 머무르고 떠날 때 나도 저 나뭇잎처럼 아름다운 모습으로 떠날 수가 있을까? 그렇게 떠날 수 있도록 노력해야지. 어차피 떠날 거라면.

　일몰의 아름다운 노을처럼 인생의 노을이 아름다워지려면 후회 없이 잘 살다가 미련 없이 떠날 줄 알아야 한다.

　나이 따라 기억이 점점 사라지는 것은 살아오면서 쌓이고 쌓인 무거운 짐을 벗어버리고 가볍게 떠나라는 신의 배려다.

낙엽이 미련 없이 가지를 떠나듯 때가 되면 다 버리고 가벼운 영혼이 되어 훨훨 떠나라는…….

내게 주어진 시간을 다 쓰고 왔던 곳으로 돌아갈 때, 맑고 푸른 가을 하늘 아래 햇볕 좋고 바람 없는 날 곱게 물든 단풍처럼 아름답고 우아한 모습으로 정든 가지를 떠날 수 있기를 소망한다.

가을바람에 낙엽이 세월을 안고 굴러간다.

인생 종말 처리장

인생 종말 처리장이 무어냐고?

말 그대로 인생 종말은 인생의 끝인 죽음을 말하고, 처리장은 죽은 사람을 처리하는 곳으로 화장장이다.

우리가 진리라고 생각하던 것도 세월이 가고, 시대가 바뀌고, 사람들의 생각과 의식이 바뀌면 철 지난 헌 옷이 될 수 있다. 그러나 영원토록 변치 않는 진리도 있다. 그것은 바로 모든 생명체는 태어나서 살다가 죽는다는 것이다.

어떤 생명체든 다 태어났기 때문에 존재하는 것이고, 어떻게 살든 죽기 전까지는 사는 것이고, 또 어떻게 살아왔든 결국은 죽는다.

사람도 태어나서 살다가 죽는다. 그렇다면 모든 사람이 다 같은 조건으로 태어나고 살다가 죽는가? 결코, 같을 수는 없다. 태어나는 것도, 살아가는 것도, 죽는 것도 천차만별이고 천태만상이다.

이렇게 저렇게 살다가 삶이 다하면 인생 종말 처리장에서 육체와 영혼이 분리되어 각각 온 곳으로 되돌아간다.

하늘로부터 받은 영혼은 연기를 타고 하늘로 돌아가고, 땅으로부터 받은 육신은 재가 되어 땅으로 돌아간다. 결국, 왔던 곳으로 되돌아가는 것이다. 올 때처럼 빈손으로…….

빈손으로 왔다가 빈손으로 가는 인생이지만 한 가지 다른 점이 있다. 올 때는 알몸에 빈손으로 왔으나 갈 때는 누구에게도 양도할 수 없는 것을 가지고 간다. 그것은 바로 수의와 관이다. 평생 알뜰히 모아 수백 수천억을 벌어놓아도 가지고 가는 것은 옷 한 벌과 뚜껑 있는 1인용 나무집 한 채뿐이다.

사람은 누구나 오래 살기를 간절히 바란다. 할 수만 있다면 죽지 않고 영원히 살기를 바란다. 그래서 옛날부터 많은 사람이 불로장생하기 위해 온갖 노력을 다했지만 죽지 않은 사람은 한 사람도 없었다.

죽음을 피하려고 가장 애쓴 사람은 진시황이다. 천하 통일의 대업을 이룩한 진시황도 자신의 죽음에 대해서는 두려움이 컸다. 그는 어떻게 하든 죽음을 피하고 싶어 했다.

그래서 서시에게 어린 소년 소녀 3천 명을 주어 동해에 있다는 신선이 사는 섬에 가서 불로장생의 약초를 구해오도록 하였으나, 몇 년이 지나도록 구하지 못하자 서시 일행은 일본

쪽으로 도망쳤다. 그 후 진시황은 스스로 신선이라 칭하는 노생과 후생이라는 사람에게 영약을 구해 오라고 했다. 그러나 그들의 필사적인 노력에도 불구하고 불로장생의 약을 구하지 못하자 그들도 도망쳤다.

　세상에 없는 것을 구하고자 하니 못 구할 수밖에.

　이토록 죽지 않으려고 온갖 짓을 다 한 진시황은 겨우 49년밖에 살지 못하고 죽었다.

　이 밖에도 많은 사람이 신선이 되어 불로장생하겠다고 깊은 산 속에 토굴을 파고 들어가, 매일 벽곡만 먹으며 애를 썼으나 죽지 않은 사람은 아무도 없다.

　어리석고 부질없는 짓이다.

　토굴 속에 산다고 신선이 된다면 땅속에 사는 땅강아지와 두더지는 모두 신선이 아닌가.

　부처님도 죽었고 예수님도 죽었다. 공자 맹자 순자 노자도 죽었다. 나라를 흥하게도 하고 망하게도 했던 영웅호걸과 절세가인도 모두 죽었다. 아무리 산삼 녹용에 곰쓸개, 오소리 쓸개, 뱀까지 먹어도 사람이 영생하지는 못한다. 죄 없는 동물만 희생될 뿐이다. 그러니 이 세상에 있는 동안 열심히 살다가 갈 때는 모든 것을 내려놓고 가벼운 마음으로 훨훨 떠날 수 있는 마음의 준비가 필요하다.

　신선이 따로 없다. 탐욕을 내려놓고 바람처럼 자유롭게 살아가면 그것이 바로 신선이다. 나이 들어서도 욕심을 내려놓지 못하면 삶이 무거워진다.

재물의 노예가 된 사람들은 인생 종말 처리장에 견학을 다녀와야 한다. 그러면 탐욕이 얼마나 어리석고 부질없는 것인지 깨달을 것이다.

아무리 잘 나고, 권력 있고, 돈 많은 사람도 결국은 종말을 맞게 되고, 종말처리장에 들어가 한 시간 남짓 지나면 한 줌의 재가 된다.

인생종말 처리장에서 나온 재는 권력 있고 돈 많은 사람 것이나 빈털터리 것이나 똑같다.

돈으로 안 되는 게 없고 못하는 게 없을 정도로 돈의 위력이 대단하지만, 돈으로도 안 되는 것이 있다.

그것이 무엇이냐고?

무엇인지 잘 들어보시오.

돈을 아무리 많이 줘도 대신 늙어주고, 대신 아파 주고, 대신 죽어줄 사람은 아무도 없다.

많은 돈과 큰 권력도 염라대왕 앞에서는 아무 소용없다. 이승에서는 돈이면 안 되는 것이 없을 정도로 돈의 위력이 대단하지만, 염라국에서는 쓰레기에 불과하다.

염라대왕은 뇌물을 받지 않는다. 얼마나 청렴하고 공정한가.

염라대왕이 뇌물을 좋아한다면 돈 보따리를 들고 오는 귀신들로 염라국은 아수라장이 될 것이다. 만약 염라대왕이 뇌물을 좋아한다면 부자들은 온갖 몹쓸 짓을 다 해도 수백 년을 살고, 뇌물을 바칠 돈이 없는 가난한 사람은 아무리 착하게 살아도 환갑을 넘기지 못할 것이다. 부자 대신 잡혀가야 하니까.

염라대왕은 오히려 부자들이 살아온 과정을 더 면밀하고 철저하게 조사한다. 재산을 정당하게 모았는지, 돈을 모으는 과정에 남에게 손해를 끼치거나 눈물 나게 한 적은 없는지, 조사해 보면 그중에 많은 사람이 비정상적인 방법으로 돈을 모으고, 돈으로 자기의 잘못을 은폐한 정황이 드러나 살아 있을 때와는 반대되는 고통의 나락으로 보내어진다.

많이 갖는 것만이 인생을 잘 사는 것이 아니다. 단 한 번 주어진 귀중한 삶, 종말을 맡기 전에 한 점 부끄럼 없고 후회 없는 삶을 살아야 한다.

무덤은 어느 누구의 목표도 아니다. 그러나 모두가 그 무덤을 향해 달려가고 있다.

저승길에는 쉬어갈 정자도, 먹고 갈 식당도, 자고 갈 여관도 없다.

백년을 살아도 억겁의 세월에 비하면 인생은 찰나다.

낙서

　이 글은 연결성은 없다. 생각나는 대로 낙서하듯이 써내려간 것이다. 한 줄이라도 마음에 담아둘 내용이 있다면 그것으로 보람을 느끼고 만족한다.

★ 인생길에는 이정표가 없다. 사람 수만큼이나 많은 인생길. 어느 길로 갈 것인지는 각자가 선택해야 한다.

★ 인생은 연습이 없다. 순간순간이 모두 실전이다. 그러나 꿈을 이루는 지름길은 오로지 연습뿐이다. 세상에서 가장 뛰어난 재능은 연습이다.

★ 활짝 핀 꽃에 벌이 찾아오듯이 웃는 당신에게 행복이 찾아온다.

★ 타고난 재능을 제대로 발휘하려면 무엇보다 할 수 있다는 긍정적인 마음이 중요하다. 아무리 뛰어난 소질을 타고나도 「안 된다.」「못 한다.」「내가 어떻게 하겠어」하는 부정적인 생각을 한다면 그 사람은 정말 아무것도 못하는 무능한 사람이 될 것이다. 긍정의 힘은 사람을 천재로 만들고, 부정의 힘은 바보로 만드는 제2의 조물주다.

★ 같은 돌이라도 어떻게 활용하느냐에 따라 가치가 달라진다. 길 가운데에 두면 걸림돌이 되고, 높은 곳에 있는 물건을 내리는 데 쓰면 디딤돌이 된다. 세상을 살아가려면 걸림돌을 디딤돌로 바꾸는 지혜가 필요하다.

★ 돈을 모으는 것만을 목적으로 하는 것은 스스로 돈의 노예가 되는 것이다. 돈을 벌되 어떻게 쓸 것인가도 함께 생각하고, 가치 있고 보람 있게 써야 한다.

★ 남이 탐내는 것을 가지고 있으면 위험하다. 사슴과 코뿔소는 뿔 때문에 죽고, 곰과 오소리는 쓸개 때문에 죽고, 악어와 호랑이는 가죽 때문에 죽고, 코끼리는 이빨 때문에 죽는다.

★ 사회가 필요로 하는 사람은 혼자 앞서 독주하는 사람이 아니라, 어깨동무하여 함께 나아가는 사람이다.

★ 오늘은 내가 살아온 날 중에 가장 늙은 날이고, 앞으로 살아갈 날 중에 가장 젊은 날이다.

★ 사람에게 좋아하는 감정, 그리워하는 감정, 사랑하는 감정이 없다면 산골짜기에 쓰러져 있는 썩은 나무토막이나 다를 바 없다.

★ 행복을 파는 가게는 없다. 유명 백화점에서 명품으로 온몸을 도배한다고 행복해지는 것은 아니다. 행복은 내 안에서 꽃처럼 피어난다.

★ 이 세상에 똑같은 것은 아무것도 없다. 인간의 모양과 생각은 인간의 수만큼이나 각각이다. 따라서 그 다름을 이해하고 인정해야 한다. 저 사람이 나와 생각이 같다고 하는 것은 착각이고 오해이다.

★ 세 잎 클로버는 행복이고 네 잎 클로버는 행운이라고 한다. 행복인 세 잎 클로버는 많지만, 행운인 네 잎 클로버는 많지

않다. 행복을 뜻하는 세 잎 클로버는 누구나 마음만 먹으면 쉽게 손에 넣을 수 있다. 마찬가지로 행복도 마음먹기에 달렸다. 사람들은 네 잎 클로버를 찾기 위해 수많은 세 잎 클로버를 짓밟는다. 다시 말하면 행운을 얻기 위해 행복을 짓밟고 있는 것이다. 우리가 살면서 행운을 찾으려고 행복을 짓밟고 있는 것은 아닌지 걸음을 멈추고 살펴볼 필요가 있다.

★ 둘이라는 단어는 정답고 든든하고 행복한 단어이다. 내 옆에서 내 말을 들어주고, 같이 공감하고, 같이 웃어주고, 같이 울어주는 사람이 있다면 그는 행복한 사람이고 외롭지 않은 사람이다.

★ 내일을 좋아하는 사람은 아무것도 이루지 못한다. 무슨 일이든 「내일 하지 뭐」, 「내일 하면 돼」 하다 보면 아무것도 하지 못한 채 인생의 마지막 날을 맞게 될 것이다.

★ 목표를 달성하기 위해서는 자신을 믿고 끊임없이 노력해야 한다. 성공의 문을 열 수 있는 열쇠는 오직 노력뿐이다.

★ 진정한 여유는 물질이 넉넉한 것이 아니라 마음이 넉넉한

것이다. 만족할 줄 모르는 사람은 무엇을 가져도 늘 부족함 속에 산다.

★ 탐욕이 많은 사람은 근심·걱정도 많다.

★ 세상이 더럽다고 아무리 목 혈관을 부풀리면서 욕해봐야 세상은 깨끗해지지 않는다. 욕하는 입만 점점 더러워질 뿐이다.

★ 세상은 생각하기 나름이고 보기 나름이다. 모든 것을 아름답게 보고, 아름답게 생각하고, 아름답게 느끼려고 노력하면 아름다운 세상이 되고, 아름다운 삶이 될 것이다.

★ 시력이 퇴화한 동굴 속의 생물들은 동굴밖에 더 크고, 더 넓고, 더 아름다운 세상이 있다는 것을 모른다.

★ 문명은 인간의 동물적 감각을 잃게 만든다.

★ 아무리 뛰어난 의사라도 노환은 고칠 수 없다. 노환은 수명을 다한 건전지와 같은 것이다.

★ 세상에 공짜는 없다. 특히, 나라와 나라 간의 거래에는 더 그렇다. 강대국이 약소국가에 원조하는 것도 공짜는 아니다. 그 속에는 보이지 않는 낚싯바늘이 숨겨져 있다. 공짜인 줄 알고 주는 대로 넙죽넙죽 받아먹다가 낚싯바늘이 목에 걸리면, 꼼짝 못하고 준 사람이 끄는 데로 끌려갈 수밖에 없게 된다.

★ 꿈이 있어야 힘이 생기고 용기가 생긴다.

★ 실패하지 않은 사람은 아무것도 하지 않은 사람이다. 세상을 살다 보면 누구나 실패의 경험을 겪는다. 수많은 실패에도 좌절하거나 포기하지 않고 도전하는 사람만이 성공에 이를 수 있다.

★ 세상에 만병통치 약이 없듯이 모든 것을 다 갖춘 완벽한 사람도 없다. 신은 한 사람에게 모든 것을 다 주지는 않는다.

★ 망설이면 아무것도 못 한다. 용기가 없고 게으른 사람은 변명거리부터 찾는다.

★ 어떠한 인연으로 내 소유가 되었다가 그 인연이 다하여 내

손을 떠나는 것에 미련을 갖지 마라. 세상에 영원한 내 것은 없으니까.

★ 인생열차는 승차권 없이 탈 수 있지만, 기관사는 바로 당신이다. 어디로 갈지, 속도를 얼마나 낼지는 스스로 결정해야 한다.

★ 열 가지 중에 아홉 가지를 잘해도 칭찬받기는 어렵지만, 그 중에 한 가지를 잘못하면 헐뜯는 소리가 곳곳에서 들려온다. 이것이 세상인심이다.

★ 너무 편한 삶을 바라지 마라. 그것은 사용하지 않는 기계와 같고, 고여 있는 물과 같다. 따라서 삶이 녹슬고 썩는다. 삶에는 어느 정도 긴장감이 필요하다. 살아 있다는 것은 움직인다는 것이다. 따라서 멈춤은 죽음이다.

★ 남이 정해놓은 삶을 살지 말고 내 삶은 내가 만들어서 살아야 한다.

★ 정. 정이라는 것은 눈에 보이지도 않고, 손에 잡히지도 않고, 색깔도 없고, 냄새도 없는 것이다. 그러나 그것을 느끼

게 되면 마음이 따뜻해지고, 그것이 말라버리면 마음이 한
없이 거칠어진다. 정은 밝고 맑고 깨끗한 마음이다.

★ 사람이 살아가면서 이익만 챙기며 살 수는 없다. 모든 것을
경제적으로만 따진다면 늙은 부모를 봉양할 사람은 아무도
없을 것이다. 자식이 부모를 봉양하면서 경제적인 이익을
따진다면 그것은 후레자식이다.

★ 뇌물은 목적이 있어 주는 것이고, 선물은 순수한 마음에서
주는 것이다. 뇌물은 청탁용이고, 선물은 그저 주고 싶어서
주는 것이다. 선물은 기쁨을 주고받는 것이고, 뇌물은 부담
을 주고받는 것이다. 선물은 주는 사람도 기쁘고 받는 사람
도 기쁘지만, 뇌물은 받고 나면 뒤가 걱정된다. 선물은 가격
을 따지지 않고 마음을 헤아리고, 뇌물은 값을 따진다. 청탁
의 크기에 따라 액수도 커진다.

★ 남을 미워하면 그 사람이 괴로운 것이 아니라 내가 괴로워
진다.

★ 당신의 삶은 당신이 어떤 생각을 하고, 어떤 결정을 하고,
어떤 행동을 하느냐에 달렸다.

★ 돈도 권력도 없는 자에게 허리를 굽히는 것은 그 사람의 인격에 감동하여 굽히는 존경의 표시이지만, 권력자에게 허리를 굽히는 것은 그 사람에게 굽히는 것이 아니라 그 사람이 쥐고 있는 권력에 굽히는 것이다.

★ 세상을 살아가는 데 있어 성공한 사람의 성공담도 좋지만, 실패한 사람의 실패담도 들어 볼 필요가 있다.

★ 밭에 거름을 너무 많이 내면 농작물이 썩듯이 몸에 좋다는 것을 너무 많이 먹으면 오히려 몸이 망가진다. 무엇이든 적당한 것이 가장 좋은 것이다.

★ 인생은 선택이다. 과거에도 자신이 선택한 대로 살아왔고, 지금도 자신이 선택한 삶을 살고 있으며, 미래의 삶은 오늘 당신의 선택에 달려있다.

★ 인간은 더 많은 것, 더 좋은 것을 얻기 위해 자연을 마구 훼손하고 있다. 이러한 행위는 자신의 무덤뿐만 아니라 모든 생명체의 무덤을 파고 있는 것이다. 더 늦기 전에 탐욕을 버리고 자연을 보호해야 한다.

★ 우리 몸과 마음속에는 즐거움과 괴로움, 건강과 질병, 행복과 불행이 함께 들어 있다. 따라서 스스로 이를 어떻게 받아들이고 어떻게 극복하느냐에 따라 행복과 불행이 갈린다.

★ 시로 사람들의 배는 채울 수 없어도 얼음 같은 마음은 따뜻하게 녹여줄 수 있다.

★ 「싫어」는 거부이고 「아니야」는 부정이다. 가까이해서는 안 되는 단어들이다. 멀리 던져버려라.

★ 친구가 많다고 자랑하지 마라. 그중에 진정한 친구가 몇이나 있는가? 잘 나갈 때 친구라고 여긴 사람들이 그대의 처지가 빈곤해지면 모두 바퀴벌레처럼 흩어지고 숨어버릴 것이다. 꿀을 보고 모여든 벌레들은 꿀 종지를 치우면 사방으로 흩어진다.

★ 너무 거창한 계획을 세우고, 빨리 이루려고 서두르면 반드시 실패한다.

★ 아는 것이 힘이다. 그러나 아는 것만으로는 부족하다. 아는 것을 실천해야 온전한 힘이 된다.

★ 이해는 역지사지할 때만 할 수 있다. 즉, 입장을 바꿔 상대방의 처지에서 보고 생각해야 이해할 수 있다. 내 기준에만 맞추어서 생각하면 오해하기 쉽다.

★ 사람은 누구나 인정받기를 바란다. 그러나 남으로부터 인정받으려면 내가 먼저 남을 인정하는 법부터 배워야 한다.

★ 풍족한 세상에서 부족함을 느끼는 것은 나보다 더 많이 가진 사람과 비교하기 때문이다.

★ 사기를 당하는 것도 욕심 때문이다. 쉽게 돈을 벌어보겠다는 욕심이 있기 때문에 사기꾼의 달콤한 유혹에 빠지게 된다. 땀 흘리지 않고 일확천금을 바라기 때문이다. 남의 말에 속지 않으려면 내 눈과 귀에 여과장치가 있어야 한다. 올바로 가려듣고, 올바로 판단하고, 올바로 행동할 줄 아는 눈과 귀, 안목이 있어야 한다.

★ 가불을 좋아하는 사람은 내일의 걱정도 가불한다.

★ 흐렸다고 반드시 비가 오는 것은 아니다. 살다 보면 흐린 날처럼 잠시 어려움이 닥칠 수 있지만 참고 견디면 곧 맑은 날

이 온다.

★ 창자를 비워본 적이 없는 사람은 마음도 비우기 어렵다. 돈과 권력을 신보다 더 전능하게 여기고 숭배하며, 돈과 권력을 얻기 위해 인간성까지 포기한 사람들이 마음을 비우기란 바닷물이 마르기보다 어렵다.

★ 사람이 마음을 끊임없이 갈고 닦지 않으면 늙어가는 것이 아니라 녹슬어가게 된다.

★ 바쁜 가운데에서도 꽃을 가꾸고 음악을 감상하는 여유를 가진 사람과, 꿈에서조차 전자계산기를 두드리며 돈을 세는 사람 중에 누구의 삶이 더 행복하겠는가? 꽃을 가꾸고 음악을 듣는 사람의 가슴에는 꽃이 피고, 돈을 세는 사람의 가슴에는 쇳물이 흐를 것이다.

★ 어떤 일을 당했을 때 그로인해 상처를 받을 것인지 깨달음을 얻을 것인지를 결정하는 사람은 본인이다.

★ 삶에는 즐거움이 있어야 한다. 즐거움은 어디에서 오는가. 즐거움은 남이 가져다주는 것이 아니다. 스스로 만들어야

한다. 항상 긍정적인 마음을 가지고 작은 것에도 고마워하고 감사하며 기쁨을 누릴 줄 알아야 한다.

★ 오늘 할 일을 하지 않고 어제 안 한 일을 후회만 하고 있으면 내일 또다시 오늘을 후회하게 될 것이다.

★ 혼자 오래 사는 것은 복이 아니다. 같이 이야기하며 손잡아 줄 사람이 없는 혼자만의 삶은 외로움이라는 감옥에 갇히는 것이다. 남과 더불어 오래 살아야 진짜 복이다. 비슷한 연배와 더불어 살다가 그들이 갈 때 같이 가는 삶이 최고의 복이다.

★ 쉽게 약속하는 사람은 쉽게 그 약속을 잊어버린다.

★ 나중에 무엇을 해주겠다고 하는 사람의 말은 기대하지도 말고 마음에 두지도 마라. 그 말을 믿으면 곧 실망하게 될 것이다. 「나중에」라는 말을 남발하는 사람은 그 사람의 모습이 사라짐과 동시에 약속도 그 사람의 머리에서 사라진다.

★ 무엇을 하는 데 있어 아직도 시간이 많다는 생각을 하며 다

음으로 미룬다면 결코 이룰 수 없을 것이다. 시간은 느린 것 같으면서도 그 어느 것 보다 빠르게 지나간다. 내가 할 수 있는 시간이 얼마 남지 않았다고 생각하면 일각도 허비하지 않게 된다.

★ 겉보기에 화려한 지옥도 있고, 초라한 천당도 있다. 천당과 지옥은 외형으로는 알 수 없다. 웃음소리가 많이 들리는 곳이 천당이다.

★ 사람들은 남의 장점은 금방 잊고 남의 단점은 오래 기억하고 험담용으로 쓴다.

★ 아무리 팔자 좋은 사람도 평생 기쁜 일만 있을 수 없고, 아무리 박복한 사람도 평생 슬픈 일만 있을 수는 없다.

★ 삶이란 각자 자기답게 살면 된다. 살아가는 방법도 가치도 사람 수만큼 각각이다. 반드시 남에게 갈채를 받는 삶을 살아야 하는 것은 아니다. 나다운 삶, 나일 수밖에 없는 삶을 살아가면 된다.

★ 무엇이든 하다 보면 권태감이 들기도 하고 이것을 꼭 해야

하나, 하는 자괴감이 들기도 한다. 하고자 하는 일을 이루려면 이 시기를 잘 극복하는 것이 중요하다.

★ 구더기는 똥물을 좋아한다. 똥물은 구더기의 천국이다. 인간사에도 구더기와 똥물 관계를 유지하는 사람들이 있다.

★ 오늘의 나는 내일보다 젊다. 계속 도전하고 즐기는 마음으로 오늘을 살면 매일이 젊은 날이 될 것이다.

★ 개가 사람을 물면 뉴스거리가 안 되지만 사람이 개를 물면 뉴스가 된다.

★ 사람은 만족할 줄 모르기 때문에 늘 괴로운 것이다.
★ 근거 없는 말이라도 여러 사람이 하면 믿게 된다. 따라서 가짜 뉴스도 여러 사람이 퍼뜨리면 진짜라고 믿는다.

★ 저울과 같은 친구는 진정한 친구가 아니다. 이해득실에 따라 이쪽으로 기울었다 저쪽으로 기울었다 하니까.

★ 사람의 마음이란 참 알 수 없는 것이다. 간이라도 내어줄 듯이 한없이 가깝고 너그럽다가도 어느 날 갑자기 고슴도치

처럼 가시를 세우기도 한다.

★ 직업에는 귀천이 없지만, 사람은 천한 사람이 있다. 그것은 바로 천하게 행동하는 사람이다.

★ 누구에게나 남모르는 사정이 있다. 외적으로는 어디 하나 부족함이 없어 보이는 사람도 갈등과 고민이 있고 남에게 말 못할 가슴 아픈 일이 있다.

★ 어두운 마음을 지니고 있으면 우주의 어두운 기운이 몰려와 어두운 삶이 되고, 밝은 마음을 지니고 있으면 밝은 기운이 몰려와 밝은 삶이 된다.

★ 재물에 묻혀 살면서 재물을 탐하는 것은 물속에 있는 물고기가 목말라하는 것과 같다.

★ 탐욕은 밑 빠진 독이다. 그 무엇으로도 채울 수 없다.

★ 꽃처럼 피었다가 낙엽처럼 지는 게 인생이다.

★ 사람들은 남의 죽음을 내 고뿔만도 못하게 여긴다.

★ 지나간 일을 되새기고 앞일을 걱정하면 현재의 삶이 무겁다.

★ 살아있기 때문에 즐거움도 있고, 괴로움도 있고, 기쁨도 있고, 슬픔도 있다. 슬픔도 괴로움도 겸허하게 받아들여야 한다.

★ 꽃이 떨어진다고 어느 나무가 슬퍼하며, 물이 흘러간다고 어느 산골짜기가 섭섭해하던가. 사람이 나고 죽고 만나고 헤어짐은 모두가 자연의 섭리인 것을.

★ 자기 일을 즐거운 마음으로 하는 사람은 행복한 사람이고, 남의 삶을 부러워만 하는 사람은 불행한 사람이다.

★ 작은 그릇에 너무 많은 것을 집어넣으려고 하면 그릇이 터지거나 깨어진다.

★ 길이 아무리 가까워도 가지 않으면 도달하지 못하고, 일이 아무리 쉬워도 하지 않으면 이루지 못한다.

★ ★ ★

자기의 인생은 자기가 만들어가는 것
항상 적극적이고 긍정적인 사고를 가져라
그리고 가슴은 언제나 아름다운 마음과
사랑으로 가득 채워라
그렇지 않으면 사악한 마음과 미워하는 마음이
그 자리를 차지하리니
적극적이고 긍정적인 사고와
아름답고 사랑이 충만한 마음이야말로
자신의 인생을 아름답게 가꾸는
영양제가 되리라

에필로그

나이가 들고 건강을 잃고 보니 살아온 날들을 되돌아보게 된다.

이 나이 먹도록 내가 무엇을 했나, 하는 물음표만 이어진다. 나는 이렇게 살았노라고 남에게 자신 있게 말하고 내어 놓을 만한 것도 없이 어영부영하다 보니 어느새 고희를 훌쩍 넘겼다.

이대로 그냥 그렇게 살다가 떠나야 하나?

건강이 안 좋으니 나에게 주어진 시간이 얼마인지는 모르지만, 조그마한 흔적을 남기고 싶었다. 한 시간 이상 걷는 것도 힘들고, 한 시간 이상 책상 앞에 앉아 있는 것도 힘든 상태로는 선뜻 새로 도전해볼 만한 것이 없었다.

이것저것 생각한 끝에 글을 써보기로 했다. 지금 나로서 할 수 있는 것 중에 가장 정신을 집중할 수 있고, 또 보람을 가질 수 있는 것은 글을 쓰는 것이라는 결론을 내렸다.

육체적인 힘을 필요로 하는 일은 하기 어렵다. 물론 글을 쓰는 것도 내 능력으로는 결코 쉬운 일이 아니다. 특별한 지식이 없는 나로서는 남에게 지혜를 주고 감동을 주는 글은 생각할 수 없다. 그래서 내가 지금까지 살아온 삶의 조각들을 마음 닿는 대로 손 가는 대로 써보았다.

글쓰기를 결심하면서 좌우명으로 삼은 것이 있다.

그것은 콩나물 법칙과 마부작침이다.

마부작침磨斧作針은 도끼를 갈아 바늘을 만든다는 것으로, 불가능한 일이라 생각되어도 꾸준히 참고 노력하면 반드시 목적한 바를 이룰 수 있다는 뜻이다.

현실적으로 도끼를 갈아 바늘을 만드는 미련한 사람이 어디 있겠나? 이 말은 자기의 목적을 달성하기 위해서는 힘들고 시간이 걸리더라도 중도에 그만두지 않고 꾸준히 노력하면 결국 이루어진다는 교훈적인 이야기다.

이 글을 쓰는데 많은 어려움이 있었다.

간경화와 간암으로 인해 체력이 많이 약해진 데다 수십 년간 이어진 불면증으로 항상 머리가 아프고 기억력이 너무 떨어져 책을 읽어도 다음 줄을 읽기 전에 무엇을 읽었는지 모르고, 새로운 단어나 내용은 아예 머릿속에 입력되지 않았다.

좋은 단어나 문장이 생각나면 바로 메모를 해놓아야 한다.

그렇지 않으면 곧 잊어버리고 다시 생각나지 않는다.

내 머릿속엔 기억력은 사라지고 그 자리를 지우개가 차지하고 있는 것 같다. 금방 보고 들은 것이 지우개로 지운 듯 깨끗이 사라진다. 머릿속에 있는 지우개는 자기 임무에 충실했다. 생각난 문장을 종이에 다 적기도 전에 재빨리 지워버린다.

이것은 누구의 탓도 아니다. 모두 내 잘못이다. 평소에 건강관리를 소홀히 한 결과다. 몸이 아픈 것은 주어진 시간이 얼마 남지 않았음을 일깨워주는 것이다. 그러므로 시간의 소중함을 몸과 마음으로 느낀다.

나는 덕분(?)에 두 권의 책을 얻었다. 2022년에 나의 유년시절의 이야기를 쓴 『가슴으로 흘린 눈물』이라는 자전소설을 출판했고, 이번에 내 삶의 조각들을 뒷골목 담벼락에 낙서하듯 쓴 『낙서』라는 산문집을 썼다.

이 두 권의 책은 모두 건강을 잃고 나서 쓴 책이다.

문학에 대해 배운 바도 없고, 들은 바도 없고, 아는 바도 없고, 타고난 소질도 없지만 포기하지 않고 한 줄 한 줄 쓰다 보니 한 권의 책이 되었다.

자전소설 『가슴으로 흘린 눈물』은 간경화와 간암 진단을 받고, 이제 살날이 얼마 남지 않았다는 생각이 들어, 내 삶을 정리하고 작은 흔적이라도 남기고 싶어 아픈 몸을 달래가며 급하게 쓴 것이다.

비록 남에게 내놓기 부끄러울 정도로 많이 부족한 글이지만, 나에게는 의미 있는 책이고 보람을 느끼는 책이다.

나로서는 콩나물시루에 열심히 물을 주고 도끼도 열심히 갈았지만, 콩나물이 제대로 자라고 도끼가 제대로 바늘이 되었는지는 모르겠다. 콩나물을 먹어보고 바늘을 사용하는 사람은 독자니까 상품가치는 독자들이 평가할 일이다.

평설

존재의 가장자리에서 피어난 문장들

『낙서』는 간경변과 간암 투병 중인 노년의 작가가 삶을 되짚으며 써 내려간 깊은 고백이자, 마지막까지 살아 있으려는 의지의 기록이다. 병상에서, 혹은 통증 사이사이의 틈에서 써내려간 글이기에, 이 책은 문학적으로 다듬어진 서사의 구조보다는 날것 그대로의 삶을 품고 있다. 작가는 서문에서 솔직히 고백한다. "아프기 때문에, 아무것도 할 수 없기에 글을 쓰기 시작했다." 이 말은 단순한 동기 이상의 진술이다. 절박함 속에서 움트는 존재의 흔적, '아직 살아 있다'는 증명이 바로 이 책이다.

『낙서』라는 제목은 이 글들의 시작이 얼마나 소박했는지를 보여준다. 김성회 작가는 "나는 문학에 관해 아는 바가 없다"고 말한다. 문학의 문법을 배우지 않았고, 글쓰기에 있어 스승도 없었다고 고백한다. 그러나 이 '무지의 용기'야말로 글쓰기의 진정한 출발점이 아닐까. 그는 배움보다 정직함을, 기교보다 진심을 앞세운다. 그래서 그의 문장은 다듬어지지 않았지만, 오히려 그 거칠고 투박한 문장 속에서 우리는 인간의 숨결과 체온을 고스란히 느낄 수 있다. 그는 말한다. "내 글에는 철학이 없고, 문학도 없다. 그저 내 마음의 잔상일 뿐이다." 하지만 그 잔상은 오히려 읽는 이의 내면에 파장을 남긴다. 그것이 이 책의 문학이며, 철학이다.

이 책은 단순한 회고록이 아니다. 이는 병든 몸으로도 생의 마지막까지 사유를 멈추지 않으려는 한 인간의 실천이다. 저자는 "병은 흥겨움과 즐거움을 무서워한다"고 말하며, 고통 속에서도 웃음을 잃지 않으려 한다. 그는 자신의 한계를 받아들이되, 거기에 침몰하지 않는다. 오히려 투병의 시간을 '글쓰기'라는 창을 통해 의미화하려 한다. 죽음을 마주하며 써내려간 글이지만, 이 책은 오히려 '어떻게 살아야 하는가'에 대한 질문을 우리에게 던진다. 그는 말한다. "병이 날마다 내 인생을 조금씩 갉아먹고 있지만, 나는 오늘도 글을 씁니다." 삶의 끝자락에서조차 그는 쓰기를 통해 다시 살아내고 있는 것이다.

책 속에는 우리 주변에서 쉽게 잊히는 존재들을 향한 저자의 깊고 따뜻한 시선이 녹아 있다. '엄마, 나는 쓰레기가 아니에요' 편에서 그는 쓰레기통에 버려진 신생아의 뉴스를 보며 분노하고 눈물짓는다. 그는 그 아기의 입을 빌려 이렇게 말한다. "왜 저를 버리셨어요? 저는 태어나고 싶어서 태어난 게 아니에요." 이 절규는 우리 사회가 외면해온 약자의 목소리이며, 동시에 우리 내면의 잊힌 죄책감을 일깨우는 거울이다. 그는 '뜻밖의 인연'이라는 글에서는 길고양이와의 만남을 통해, 생명의 경중에 대한 성찰을 펼친다. 단지 동물에 대한 애정이 아니라, 존재 간의 연대와 책임을 묻는 이야기다.

가장 인상 깊은 글 중 하나는 '모정의 탑'이다. 자식을 위해 깊은 산속에서 3천 개의 돌탑을 쌓은 한 어머니의 이야기를 통해 그는 묵언의 기도와 모성의 위대함을 노래한다. 이 글에서 작가는 이렇게 묻는다. "왜 산속에 돌탑을 쌓으셨을까? 그 수많은 날들 동안 그 어머니는 누구에게 말을 걸었을까?" 이는 단순한 기이한 뉴스가 아니라, 인간이 고통 속에서 찾는 위안의 방식, 침묵 속에 새겨지는 기도의 형식을 복원하려는 철학적 탐문이다. '모정'이라는 단어조차 입에 올리기 전에 우리는 그 이야기 앞에서 잠시 침묵하게 된다.

저자의 글은 때로는 삶에 대한 반문이고, 때로는 세상을 향한 애정 어린 질책이다. 그는 노년의 외로움을 굳이 숨기지 않으며, 병으로 변해가는 육체에 대한 절망을 숨기지 않는다. 하지만 그 모든 체험은 글쓰기를 통해 승화된다. 그는 말한다. "나는 매일 아침 살아 있음에 감사하고, 한 줄의 글을 쓸 수 있음에 감사한다." 이처럼 그의 글은 절망에서 건져 올린 희망의 조각들이다. 완성되지 못한 채 끝나는 문장도 있지만, 그 단절은 오히려 독자에게 해석과 사유의 여백을 남긴다.

이 책은 누군가에게는 단순한 노인의 일기처럼 보일 수 있다. 그러나 그것이야말로 이 책의 힘이다. 『낙서』는 문학의 외피를 벗고, 인간의 내면으로 다가가는 글쓰기의 또 다른 형식이다. 꾸미지 않은 글, 그러나 마음을 움직이는 글. 말하자면 이 책은 '문학'이 아니라 '삶' 그 자체로 읽힌다.

우리는 이 책을 통해 문학의 새로운 정의를 다시 생각하게 된다. 그것은 단지 문단의 화려한 수식어 속에 존재하는 것이 아니라, 아픈 몸을 이끌고 책상 앞에 앉아 한 자 한 자 눌러쓴 글 속에 있다는 것을.

우리는 이 책을 통해 '글을 쓴다는 것'이 무엇인지, '삶을 산다는 것'이 무엇인지 되묻게 되었다.

『낙서』를 읽고 나면 독자는 아마도 한 번쯤 자신에게 질문하게 될 것이다. "나는 내 삶을 어떻게 써 내려가고 있는가?" 혹은 "나는 아직 어떤 말을 쓰지 못하고 있는가?" 이 책은 그런 물음의 불씨를 지피는 책이다. 그것이야말로 이 수필집이 가진 가장 문학적인 힘이며, 가장 인간적인 감동이다. 김성회 작가는 이 책을 통해 말한다. "당신의 삶에도 쓸 가치가 있다"고. 그리고 덧붙이듯 조용히 말한다. "당신의 글도 누군가에게 위로가 될 수 있다"고.

2025. 5

서 이 연 (문학평론가)